# 疯卖

## 如何策划杀手级的互联网销售文案

徐剑波◎著

中国宇航出版社
·北京·

图书在版编目（C I P）数据

疯卖 : 如何策划杀手级的互联网销售文案 / 徐剑波著. -- 北京 : 中国宇航出版社, 2018.1
ISBN 978-7-5159-1397-1

Ⅰ. ①疯… Ⅱ. ①徐… Ⅲ. ①网络营销—广告文案 Ⅳ. ①F713.365.2

中国版本图书馆CIP数据核字(2017)第267457号

责任编辑　田芳卿
责任校对　鲁　迁　　装帧设计　宇星文化

出版发行　中国宇航出版社
社　址　北京市阜成路8号　　邮　编　100830
(010)60286808　　(010)68768548
网　址　www.caphbook.com
经　销　新华书店
发行部　(010)60286888　　(010)68371900
(010)60286887　　(010)60286804(传真)
零售店　读者服务部
(010)68371105
承　印　北京画中画印刷有限公司
版　次　2018年1月第1版　　2018年1月第1次印刷
规　格　787×960　　开　本　1/16
印　张　17　　字　数　215千字
书　号　ISBN 978-7-5159-1397-1
定　价　58.00元

# 前　言

你知道吗？在互联网做生意，

同样的推广费，

同样的人力、物力投入，

同样的产品，销售业绩却有天壤之别！

造成这种差别的主要原因，可能就在产品的销售页面。你必须知道，在互联网营销领域，产品销售页面就是你的销售队伍，销售页面的销售能力决定了你能赚多少钱。

统计一下，每天打开网站，你能看到多少广告和推广信息？每次看到这些信息，你是否都会不假思索地把这些网站或者淘宝页面关闭掉？

实际情况大多是这样的：你可能会扫上几眼，也可能迅速浏览一下，接下来毫不犹豫地将这个产品页面关闭。当然，关闭之后，你也可能会再次打开并仔细浏览页面。

再看看有多少促销邮件塞进你的电子邮箱，有多少推广信息在你的微信朋友圈中传播，企图向你推销他们的产品。

很多设计精美的销售页面，除了让人第一眼感觉很“高大上”以外，根本起不到任何推广的作用，更别说带来多大的销售效果，除非你实实在在地将页面变成具有销售力的内容。

也就是说，要将页面呈现效果从人们的“浏览模式”（随便看看）变成“成交模式”（我想拥有它）的语言表达方式。

单纯的画面和文字都无法形成有效的销售，只是在盲目地强行说服客户购买。

我们需要做的，是让人们知道为什么要购买你的产品或者服务，并且让他们知道，他们应该从你这里购买，而且是应该立即购买！

一旦人们意识到他们想拥有你的产品或服务，可以想象……你赚钱的速度有多快！

## 互联网生意的成败在于成交率

当你想买一套房子的时候，回想一下，或者假设一下，进入一个楼盘的售楼处了解情况，你会碰到一个什么样的销售员，他会怎样向你介绍待售的房子并将努力让你成交呢？

大多数情况下，你会碰到这样一位销售员，他带领你参观每一套房子，把每一套房子的优点都毫无遗漏地讲给你听，然后告诉你这些房子的价格。最后，他会和你说一句话：如果你决定了，可以联系我。然后为你递上一张名片，让你自己决定是否购买以及何时购买。

幸运的话，你可能会碰到另外一种类型的销售员，他一边陪你看房子，一边和你闲聊，甚至还会有意识地让你感受一下小区优美的环境，让你体验未来居住在这样的房子里那种畅快和愉悦的感受。他会让你站在宽大的阳台或巨大的落地窗前，眺望远方的落日余晖，或者是海边的优美风景，看孩子们在小区绿地里奔跑嬉戏的场景，同时讲述小区环境、生活配套设施给居住生活带来的种种舒适和方便。

当你对房子的户型大小、位置环境、配套设施感到满意和心动的时候，这位“好心”的销售员就像刚刚读完一本书那样，看透了你的每一个心思。不管你是否喜欢或接受，他都会用一系列引导技巧，推动你一步步走向签约。同时，他会根据你的每一个反应和表情，迅速调整自己的销售行为，而你甚至对此毫无察觉。

最后，当你下决心购买的时候，你可能会猛然间发出感叹：我怎么这么快就决定了，我本来只是来做比较的呀！

到月底公布销售业绩的时候，哪位业务员的业绩会更好呢？他们之间都有哪些差别呢？相信你一定知道答案，并且知道他们的业绩差距可能会是几倍、十几倍或更多。

优秀的销售员，通常是精通沟通策略的心理大师，他们的工作目标，就是将顾客从“看客”变成“买客”。他们会根据每一位客户的真实需求，对每一个销售环节作精心的符合客户心理特点的设计，然后一步一步引导客户最终下单。

虽然同为销售员，接触的客户数量差不多，但是优秀的销售员总能获得更多的签单。他们成功的核心秘诀，就是将“看客”转变成“买客”的能力。

互联网生意也同样如此。

你的网站产品页面、淘宝产品展示页面、微信店铺页面……是否像平庸的业务员那样，只是从销售的角度详细介绍产品信息，然后把购买决定权交给你的客户？

如果是这样，那么非常不幸，在电子商务市场，你可能永远没有第二次机会让客户再次回到你的网站和产品页面，或者很难再次打开你的微信公众号。

普通的销售网站和页面很难直接创造出利润，优秀的销售文案却可以，这就是成功与失败之间的区别，也是普通的网页设计师与销售文案策划人员最大的不同。

## 两封互联网销售文案的力量

2008 年，笔者开始在互联网上创业，当时差一点儿破产，面临即将背负巨额债务的危险处境。

当时笔者正在研究欧美国家的互联网直效营销理论和营销体系，带领团队开发了一款全球营销大师都在使用的系统软件。当时笔者认为，有好的产品，然后努力去推广，就可以赚到大钱了。但事与愿违。网站已经有了还算不错的流量，但是产品就是卖不出去。没有现金流，公司合伙人纷纷离开，公司走到破产的边缘。

一个机遇改变了这一切，令整个局面发生了大翻盘！

我们的软件平台在短短一年多的时间内击败了所有的竞争对手，并且在全国开发出许多客户，软件平台也被国内众多网络营销专家推荐给他们的客户使用，还被多种高校教材收录为最具实战价值的数据库营销工具。

一切的改变源自笔者设计的两份至关重要的互联网销售文案。正是这两份销售文案，使整个局面发生了彻底的改变。

因为公司经营遇到了困难，当时笔者不得不绞尽脑汁分析营销过程中的每一个环节。笔者发现，在互联网上做生意，流量固然很重要，但是成交转化率更加重要。花费巨额资金获得的流量，如果没有转化为成交，那就是巨大的浪费，甚至可能导致整个生意失败。

经过艰苦的努力，笔者在互联网上找到美国一家提供销售文案培训的机构，投入了当时笔者认为是巨额的资金，参加了一次改变一生的学习培训。

学习中，笔者接触到了世界顶尖销售文案大师大卫·奥格威、盖瑞·亥尔波特、尤金·施瓦茨、约翰·卡普尔斯、杰·亚伯拉罕、维克多·施瓦布、埃尔默·惠勒、罗伯特·科利尔、约瑟夫·休格曼……深入研究了他们的整个销售思想和知识体系。

经过系统的学习，笔者完全改变了对互联网生意以及互联网销售流程的认识，那就是成交率比流量更重要，赚钱的多少完全取决于成交率。互联网上的成交率和利润率，又完全取决于网站和页面的销售文案设计，即是否具备超强的杀手级成交能力。

## 目标只有一个：让顾客立即采取行动

大家现在在互联网上可以看到很多非常漂亮甚至让人惊艳的产品介绍页面。当人们打开这些页面时，就会被这种漂亮的页面吸引，甚至忍不住发出赞叹。但是他们仅仅在内心对页面设计表示赞叹，或者说一句“太漂亮了”，之后就会把这个页面关闭掉。

这并不是从事互联网营销的人想要得到的结果，我们需要的是让顾客采取行动，将产品添加到购物车，点击“购买”按钮，或者立即支付。

你知道为什么很多商家设计出来的产品页面不能让客户立即行动起来吗？那是因为很多经营者认为，只要自己的产品足够好，把产品的优点和优势描述清晰，客户就一定会购买。这个想法正确吗？

只要大家在互联网上打开一些产品销售页面，就会发现网上有很多这样的产品信息，产品介绍或展示非常完备，有些甚至是无尽的让人厌烦的自吹自擂，却无法激起人们任何的购买欲望。人们看了商品信息或产品展示后，毫无心动的感觉，无法激发人们想要拥有的欲望，更无法让客户产生掏钱购买的行动。

大多数经营互联网生意的商家，往往都把产品说明当作销售文案，把产品说明文字配上一些图片直接挂到互联网，然后花费巨资投放广告，吸引流量。这就如同一个没有经过训练的新兵扛着枪上战场，结果可想而知。

在互联网上做生意，大多数商家根本不知道用什么办法使人们采取行动并下单购买。一般的广告创意和网页制作人，又喜欢凭借广告创意获得好的传播效果，却与打动人们立即采取购买行动这个目标相去甚远。这就是销售文案与普通产品说明以及一般广告文案最大的区别。

在今天的广告界，有两个不同的世界：一个是你们所在的直效广告（销售文案），另一个是一般性广告（一般广告文案），这两个世界正处于碰撞的过程中。

你们这些做直效广告（销售文案）的知道什么样的广告能奏效，什么样的不能，你们很清楚它能带来什么好处，但是那些做一般性广告的人并不清楚这些。

——大卫·奥格威

## 你需要有杀手锏

在了解互联网销售文案之前，笔者想和大家分享一个有意思的寓言。

一只狮子遇到一只老虎。
当他们在池塘边饮水的时候，
老虎说："告诉我，你为什么像个傻瓜一样不停地吼叫。"

"那不是傻"，狮子说。
它的眼睛闪动着，"它们尊我为万兽之王，
因为我做推广。"（怒吼就是狮子的推广方式）

一只野兔听到它们的谈话，
飞快地跑回家。
它想尝试狮子的方式，
但是它的吼叫只不过是发出几声"叽叽"的叫声。

一只狐狸来做调查——
它在森林里饱餐了一顿后，
得出结论：朋友，当你做产品推广的时候，首先要保证你宣传的产品信息能够征服客户，不然吸引来的就是你的敌人。

移动互联时代，互联网是最激烈的竞技场，只有强者才能生存，只有最强的人才能成功。每个人都在说同样的事情，每个人都在传达几乎相同的信息，如果你没有出色的销售文案，却仍然持续不断地投放广告，这其实如同将一沓沓人民币从楼顶往下扔，不仅浪费大量的金钱，还有可能吸引来更强大的竞争对手。

确实如此，99% 的互联网销售页面卖不出去多少产品，这也是为什么笔者经过这么多年的实践，一直深入研究销售文案写作和编写这本书的原因。

将产品卖出去，靠的不是销售页面有多漂亮，也不在于推广的力度有多大，而是看你的销售页面是否有引导力、说服力和成交力。否则投入大量的金钱和精力，只能得到极少的、甚至微不足道的回报！

一定要谨记：如果没有一套杀手级的互联网销售文案，千万不要随意推广或者投放广告！

# 目　录

# 第一章

# 人性的奥秘

# 购买的真相

你是否有过这样的经历：看到一些介绍产品的页面之后，并没有仔细阅读，就立即下单购买？

一些企业的产品价格非常昂贵，远远超出产品本身的价值，但还是有很多人趋之若鹜地争相购买。

还有这样一种情况，在市面上看到竞争对手和同行的产品，感觉这些产品的品质并不如我们，但他们就是卖得比我们好，而且卖得更快，卖得更贵。更让人无法理解的是，客户偏偏喜欢他们的产品。

这到底是为什么？如果你想弄清楚人们购买行为背后的秘密，那么就需要了解人们购买的真相。

要想将自己的产品大卖出去，一定要弄清楚自己到底是在卖什么。只有销售的产品和销售行为切中消费者的内心，客户才会迅速产生购买行动。

有些人认为客户购买的是功能，因为客户经常说你的产品有这个功能、有那个功能就好了，所以肯定是因为产品的功能好或者质量好，客户才会购买。

问题是，往往 99% 的客户并不清楚自己想要什么！

可能很多朋友听到这样的话觉得不可思议，不过这却是真实的情况。苹果公司创始人乔布斯开发苹果系列产品的时候曾经说过：从来不用问消费者需要什么功能，卖功能并不是我们销售的真正内容。

从这一点可以明白，为什么很多在互联网上叫卖功能的商家，结果都卖得不怎么样。

还有人说，促成客户购买的原因是买价值、买好处。

当然，好处是每一个人都需要的，很多客户也会关注产品能为自己带来什么样的好处。但是反过来看，很多企业有很好的产品，却堆在库房里卖不出去。促销人员归纳总结出很多非常棒的有关“好处”的描述，但即便是这样，产品往往卖得并不好。

更有人说，客户购买的是结果。

这样回答的朋友，一定对营销有过了解或研究，答案非常好。这样回答肯定没有错，甚至有人认为这是最佳答案。每一个人都想要结果，掏了钱，当然不能让钱打水漂。

不过，作为卖家，你真的能够切实提供客户想要的结果吗？或者说，客户想要的结果，我们能够满足吗？如果能够提供想要的结果，那么一切 OK，签一个合同，付钱给结果就是了。显然，理想与现实存在很大的差距。

认真观察一下，你会发现，绝大多数商家没有办法提供客户想要的结果!

例如，一个幼儿英语培训机构，它们在营销过程中销售的是什么？能够将孩子培训结束时达到的英语水平这个结果清晰明确地告诉孩子的父母吗？比如说：“你的孩子学完之后，立即可以自如地用英语对话，表达不成问题。”

显然这样向父母描述是不行的，因为每个孩子都存在差异，教学过程中老师的教授水平也有差异，所有的经验都表明，幼儿英语培训是无法达到这个结果的。

如果是一家 B2B 设备销售企业呢，可以直接将销售结果提供给客户吗？毫无疑问，这也是非常困难的。就算是阶段性的结果，也很难做到明确告知。

这种情况是客观存在的，因为一家企业采购另外一家企业的产品或者设备，在产生真正的收益之前，都不能算是结果。销售都是在结果产生之前完成的，所以卖结果其实只是一个理想的表达。

既然以上这些说法都无法解释大家心中的疑问，那么商家到底是在卖什么呢？

笔者在一则古老的故事中，似乎找到了这个问题的答案。

## 毁琴散诗

陈子昂考中入科进士后，由于他为人耿直，不会趋炎附势，不会巴结权贵，一直受到冷落。他客居京城，等候皇上赐官，一等数月，杳无音讯，于是心中郁郁不乐。

一天，他到京城天街六市闲逛，来到一乐器店，看见一群人正在围观一把古琴。店主指着古琴向人们招徕道："我这把古琴，是汉代赵五娘去城里找蔡邕时，在路途中弹的那把古琴，是稀世珍宝，少了二百两大银不卖。"不少人想买这件乐器，但都嫌价钱昂贵，看了一阵就摇头离开了。

陈子昂也在人群中观赏古琴。他两眼被古琴吸引，逗留了很久，迟迟不愿离去。后来只见他眉头一展，好似心中有了主意，脸上露出微笑，对店主说道：

"这把古琴我买了，别说二百两大银，就是五百两大银我也愿意买！"

在场的人无不啧啧称奇。有人猜他一定是哪家的阔少爷，家中广有钱财，所以才不惜重金买下这昂贵的乐器。也有人讥笑他竟然出这么高的价钱买这件东西，是一个痴人。

接着，只听他对大家说：

"我是蜀中弟子陈子昂，这次来京大考。请诸位朋友赏光，明天光临宣德里，听鄙人演奏古琴。"

这桩高价买琴的事一传十，十传百，一下子传开，很快传遍了长安城。

第二天，果然有成千上万的人来宣德里听陈子昂弹琴。围观的人有普通市民，有文人学士，也有达官贵人，人山人海，把整个宣德里挤得水泄不通。

陈子昂手提古琴，端坐凳上，装着要弹琴的样子。正当大家屏气凝神要听他弹奏的时候，陈子昂一把抡起古琴，使劲儿摔在地上，登时将古琴摔得粉碎！众人无不愕然，一个个瞪大双眼，面面相觑，感到莫名其妙。

这时，陈子昂对大家讲道：

"诸位先生朋友，在下陈子昂，自小饱读诗书，熟知经文。这次来京大考，高中进士，却横遭冷遇，等候圣上谕旨半年了，还不见音讯。今天，借弹琴请大家来看看在下的诗文，请不吝赐教。"

说完，他把身边放的一大沓诗稿分发给众人。

人群中那些精通诗文的文人学士看了后，果然无不交口称赞：

"好诗！绝妙好诗！"

陈子昂的才名不胫而走，一下传遍了整个京城，人们争相传抄陈子昂的诗文。很快这件事就传到女皇武则天的耳朵里。她阅读了陈子昂的诗文，知道这位蜀中青年有胆有识，于是在金銮殿中召见了他，并授官录用。

这个故事很有意思，陈子昂本来就有才气，也有能力，但是在他毁琴散诗之前，却迟迟得不到重用。我们有很多很好的产品，对客户来说很有价值，但就是得不到大家的认同，这是同样的道理。

人们购买产品，并一定是因为产品本身。虽然产品品质很重要，但是如果不会卖的话，肯定卖不好！

陈子昂毁琴散诗，只是向大家塑造了这样一种感觉，那就是他的诗文比昂贵的古琴更有价值。也就是说，人们在购买产品的时候，对购买过程中产生的感觉，往往比产品本身更重要。

这种情况每一个人都亲身体验过。比如在购买产品的时候，大家有没有这样的体验：看到一本书，只是翻阅一下目录和简单的内容介绍，就立即下单购买了，买回来却从来没有认真看过。还有一些女士逛商场的时候，买回来很多衣服，拿回家后却没有穿过几次，就扔在柜子的角落里了。

产生这种现象的原因，就是因为人们在购买的过程中，找到了购买这件产品的感觉。感觉对了，就会立即掏钱购买！

在创作销售文案的时候，最难的就是塑造这种感觉。有些销售文案谈到梦想，但是只谈梦想感觉比较空泛，不够实际。那么在销售的过程中，在创作销售文案的过程中，如何把产品带给客户的感觉给塑造出来呢？

## 这就是营销的终极秘籍

有一位香水大王，在晚年举办的一个宴会上透露了他的成功秘籍：人们要买的不是产品，人们真正想要的是——感觉。

营销就是塑造感觉的过程——这有可能是有史以来最真实的市场营销理念。每一家成功的企业，无不将这句话运用到炉火纯青。

当然，成功需要好的产品和好的质量，也需要尽可能地给客户承诺产品品质。但是，在购买过程中，要让客户达到满意的效果，最关键的因素是营销过程带给他们的感觉。

三鹿奶粉由于对质量把控不严，人们在内心对三鹿的产品质量产生不信任感。现在就算三鹿集团没有倒闭，企业认认真真地生产产品，而且质量比任何一家在售品牌的奶粉质量都好，相信也没有多少人会去购买。因为人们内心已经形成了这种感觉：三鹿奶粉的质量是不可靠的！

陈子昂砸掉古琴时，如果没有让人阅读他的诗文，那么人们内心也不会觉得他的诗文很了不起！

人们的感觉控制着对事物的反应，而且绝大多数时候，人的感觉被外在事物控制。

当你挑选一款手机的时候，柜台里哪款手机运行速度最快，是小米吗？谁也不知道小米是不是最快的，因为没有人这么在意，但是人们心目中就是认为小米手机运行速度很快。

如果想挑选一部最好用的手机，会有什么样的结果？很多人会向你推荐iPhone，因为乔布斯把这种印象深深地烙在了人们的脑海里。

一切营销的密码，就在于商家为受众制造印象，塑造感觉！

在美国新罕布什尔州靠北的一个地方，有一次，老丹尼尔·韦伯斯特（美国著名政治家、法学家和律师）受好友之邀帮忙拍卖农场。

“邻居们”，他说，“我们到这儿来不是为了拍卖汤姆的那34头好奶牛……不是那80英亩肥沃的土地……也不是那经历了20个寒冬仍然坚固的房子……”

“不是这些”，丹尼尔继续说道，“我们想要为大家提供的，是红润多汁的苹果咬在嘴里的香甜味道……是新割草垛飘到鼻子里的草腥味……是朗朗青山、潺潺溪流带给你的亲近自然的享受……是雪后脚下的咯吱响声……是与世界上最好的邻居共同生活的美好体验……”

还没等丹尼尔说完，已经开始有人出价竞拍了！

聪明的商家都善于使用这种销售技巧：“我卖的是烤红薯的香味，不是烤红薯。”

这是美国营销大师爱玛·赫伊拉（Elmer Wheeler）在1937年所著的《赫伊拉法则》中提出的名句。《赫伊拉法则》是他本人花费十多年时间，研究了105 000多个推销辞令后撰写的市场营销箴言集，其中将营销规律总结为五大项。第一句就是：

不要卖牛排，要卖滋滋声！

# 塑造感觉的密码

创作销售文案的一个重要关键点，就是如何去塑造感觉。一旦你懂得如何塑造感觉，掌握了为客户塑造感觉的方法，售卖任何产品都会变得轻而易举。

大多数人在创作销售文案的过程中，都很想把自己产品的优点无一遗漏地描述出来，让客户了解产品的优点之后再去购买产品。

但是，大多数情况下，仅仅将产品的优点和功能描述出来，客户还是无法从内心接受这个产品，这是为什么呢？

原因就是产品给人们带来的感觉没有塑造出来，客户无法产生立即购买的冲动。前面我们已经谈到，人们购买产品的原因，主要就是购买那种感觉。

由此可见，为客户塑造感觉的能力，是创作销售文案的一个至关重要的技能。

到底是什么控制着人们的感觉？如何才能掌控别人的感觉？

下面大家一起来想象一个场景。

周六，你要参加一个重要的聚会，里面有你很久没有见面的同学，甚至高中时代暗恋的对象也可能出现在聚会现场。你心里十分期待这次聚会，并且想给全体同学留下一个与众不同的印象，特别是很久都没有再见的那位曾经令你魂牵梦萦的暗恋对象。你很想盛装出场，让在场的同学感受你这么多年来的变化和取得的成就。

当你来到商场挑选衣服的时候，品牌肯定不是你考虑的第一因素，因为它们只会在你的头脑中对产品加以区隔而已，即哪一类牌子适合我，哪些牌子可能不适合我。

衣服的布料和品质固然很重要，但好像这个时候其重要性也不是排在第一位的。

你不断地挑选衣服，不断地试穿并比较上身后的效果。可以肯定，在选衣和试衣的过程中，你的大脑中会不断浮现出周六聚会时你盛装出场的场景。当然，你会设想很多的场景，以满足你的想象和内心需求。

对，感觉，就是这样！

大家购买过很多书籍，但是书籍买回来之后，认真看过的并没有几本。可是当初购买图书的时候，脑海里浮现的是吸引我们的标题。书中的标题吸引了我们，使我们产生看到这本书后想要获得的场景和体验。

销售文案大师罗伯特·科利尔说过，如果能让客户头脑中浮现出一幅很好的画面，胜过千言万语。如果你善于使用语言，善于在你的客户脑海中描绘出一幅清晰的画面，其价值将超过一张平常大家可以看到的图片。因为顾客脑海里的那幅画面，是他们自己用想象的色彩勾画出来的，比世界上任何艺术家的画笔都更有渲染力。

产生感觉的原理如下：

感觉就是一种满足心理欲望后的心理状态。

产生购买的过程，是人们内心的需求（驱动力）被满足、场景被实现的一个过程。要令产品大卖，只需要按照下面的方法操作就可以了。

（1）描绘一幅场景，让客户感受到你的描述无限接近梦想的场景。

（2）将客户带入到这个梦境中，并让客户从内心充分感受这种梦境。

（3）让客户充分感受这个梦境带来的心理上的满足感。

如何完美塑造客户想要的感觉，如何让客户觉得你塑造的梦境是真实的呢？那么就需要了解人们追求的梦境，以及客户内心的梦境到底是什么。

要想窥视客户心中促成行动的密码，就必须了解人们在购买过程中向往的梦境是什么。只有真正了解客户内心想要的，才能轻而易举地做到把产品卖给他们。

下面让我们一起来了解人们心中追求的八大终极梦境。

## 人们追求的八大终极梦境

人们购买的真相，是一种深入梦境后的内心满足感，那么人们的梦境有哪些呢？

可能每个人心中想象的梦境都有所不同，感受的那个心理状态也会有所不同，人们在购买产品的过程中，内心的感受状态也就各不相同。

如同之前说起的例子，有些人买衣服可能是去参加同学聚会，有些人买衣服可能是为了御寒保暖……如何把握人们内心渴望的场景，对于分析和控制客户心理来说至关重要。

下面介绍一下人们心中特别渴望实现的八大梦境，这八大梦境几乎是每一个人都极想拥有的场景。当你掌握了这八大梦境，你就知道了人们内心的真正渴望。如同一个人要去旅游，会想象即将到达的目的地景色多么迷人，身心会得到怎样的放松。正是因为这些想象的场景和心理感受，激励人们迈出家门，打开钱包，前往目的地一睹美景。

我们的产品，就像是旅途中的交通工具，帮助客户去实现他们的梦境，如此而已。

## 八大梦境之一：金钱与财富

◎有更多的钱去消费。

◎节省更多的钱。

◎挣钱养家糊口。

◎节省时间（提高效率）。

◎获得更好的工作。

能赚很多钱，然后有更多的钱去消费，购买自己想要的东西，甚至可以做自己想做的任何事情。拥有金钱与财富，可以说是多少人都在努力追求的一个终极梦境。

对于金钱的追求，是绝大多数人日思夜想的场景。想象可以拥有更多的财富，能够解决日常的温饱，能够养家糊口，再也不用担心下个月的收入。不用担心每到月末去归还银行贷款，特别是归还信用卡时资金不足的窘境，远离那种入不敷出的日子，这是多么诱人的场景！

在工作中，人人都想节省更多的时间，获得更多的报酬。也有人期待什么时候能够换一份工作，这样收入可以更多一些，工作更体面一些。这些难道不是每个人都想要的场景吗？

没有人不关注自己的生活质量，没有人不想让自己生活得更轻松一点儿，但这一切都需要有物质基础。所以，拥有更多的金钱和财富，是大多数人梦寐以求的一个场景。想着自己能够过上“睡觉睡到自然醒，数钱数到手抽筋”的日子，这可能是很多人日思夜想的场景了。

## 八大梦境之二：个人魅力

◎更性感。

◎更受欢迎，经常受到他人的赞扬或赞美。

◎拥有迷人的性格。

◎美丽、漂亮、健康、整洁。

◎外表和身材更加迷人。

◎拥有极高的回头率，有人主动搭讪。

大家知道为什么现在美容整形业这么火爆吗？因为每个人都想让自己变得更有魅力，更具有男人味或者女人味，在社交场合能够受到更多人的青睐和尊重。

每个人都希望自己变得更完美，变得更受异性或大众的喜爱。当有人告诉你，你的着装十分得体，非常有品位，看起来很迷人时，那种美妙的感受是无法用言语形容的。

## 八大梦境之三：休闲与享受

◎长时间旅行。

◎居住环境更舒适。

◎工作更轻松。

◎可以无限制地享受自己的嗜好。

◎有更多的时间睡觉。

◎生活更安逸，不需要操心。

◎享受美食。

很多人心中都有一个说走就走的旅行梦想，都想抛开一切烦恼去放松一下，到自然界欣赏一下美景，享受一下难得的休闲时光。

可能很多人会想，什么时候能够找到一份更轻松的工作，每天有足够的时间睡一个安稳觉，或者可以好好地享受一番美食，放纵一下自己的胃口，不顾一切地放开肚皮饱餐一顿，这样该多么的惬意呀！

## 八大梦境之四：健康

◎更有力量。

◎更有活力。

◎更有耐力。

◎更长寿。

◎摆脱目前的病痛。

现在人们越来越注重健康，希望自己变得更有活力，更有力量，有更持久的耐力。人们希望每天清晨能够呼吸到新鲜的空气，能在鸟语花香的公园里面锻炼身体。

特别是老年人，健康可能是他们最大的追求。曾经看到一个报道，有一位老人去世了，家里面堆满了没有使用过的保健品和药品。年纪稍大一些的人，内心充满了对健康和生命的向往，渴望获得长寿，远离病痛。

## 八大梦境之五：安全

◎老年有所依靠。

◎居住环境的安全。

◎出行的安全。

◎保障家人的安全。

◎自己有所保障。

◎能够克服某些恐惧。

安全在马斯洛需求层次理论中处于第二层，是满足生理需求之后最重要的内心需求。

一个十分安全的环境，是每一个人追求的梦境。人们期望住进安全有保障的小区，希望开上足够安全的车子，希望年老之后可以过上轻轻松松的日子，不需要依靠任何人的资助，不再为养老费用担心，也不用担心有了病痛无人照看。

## 八大梦境之六：独立自由

◎不受任何人的控制。

◎不再为金钱烦恼。

◎可以自由选择生活方式。

◎自己可以随时选择时间。

40 岁提前退休，后半生有花不完的金钱，实现真正的财务自由，这好像是很多人一辈子的梦想。

人们为了追求自由的生活可以抛弃一切，甚至上升到信仰的高度。不管凡夫俗子还是达官贵人，没有人希望被别人或者事情控制和牵绊，每个人都想过上轻松自由的生活，自己可以随意地支配自己的时间。

## 八大梦境之七：爱与浪漫

◎爱别人和关心他人。

◎被别人爱。

◎浪漫的生活。

◎成为好父母。

◎成为好儿女。

能够和爱人一起过浪漫的生活，享受烛光晚餐。每到纪念日，另一半都能够送上浪漫的祝福和精心准备的礼物，这不知道是多少人梦寐以求的梦想。

同样，每一个人都会关心社会上其他人的潜在需求，希望整个社会和谐，家庭幸福。自己成为一名好儿女，同时成为孩子的好父母，这也是人们内心追求的梦境。

## 八大梦境之八：社会认同

◎受到周围的人称赞。

◎能对他人产生影响。

◎拥有让人自豪的财富。

◎社交手段高明，热情好客。

◎赢得尊重。

◎被承认是权威。

◎可以融入某些圈子。

人人都喜欢受到别人的尊重，希望得到别人的赞美，希望受到别人的赞扬。

赚了很多钱的莆田商人，每到过年的时候，都会安排司机把豪车从北京开回莆田，然后自己坐飞机回老家。不远万里让别人把车子开回家，然后自己却坐飞机赶回去，他们为什么要这样做呢？原因在于，在过年的那段时间，他们希望全村甚至全镇的人都知道他这一年干得不错，能得到别人的赞许和赞美，得到周围人的肯定和尊重。

当你看到上面描述的这些场景的时候，脑海中能浮现出这些场景吗？实际上，客户在购买产品的时候，头脑中也会浮现这些场景。

这八大梦境中的每一个场景，大家看起来是不是都非常想拥有？这些场景就是人们内心一直向往和期盼的，也是人们为什么要购买产品的理由。

父母为什么要为孩子报很多兴趣班，是不是想实现一个好父母的梦境，同时也想让孩子比别人家的孩子更优秀？从八大梦境中，我们可以找到每一位客户的内心归宿。

你为什么要耐着性子拼命看完这本书？是不是想赚更多的钱，过上更好的生活，同时也想获得家人和周围人的认同和赞扬呢？

所有的销售奥秘都隐藏在这八大梦境之中。当你了解了这八大梦境，熟练掌握八大梦境的运用方法，你就可以卖出更多的产品，甚至会让客户爱上你的产品。

当你要制作一份销售文案的时候，一定记得阅读这部分内容，记住每一个梦境的场景。当然，这八大梦境里面的每一个场景还可以不断地展开，延伸出更多更具体的场景。

人们追求梦境，是因为内心有原始的动力在推动他们。这种动力与生俱来，亘古不变。一旦掌握了这些梦境，你将会彻底把握人们行动中和内心中的每一个细微的变化。

下面让我们一起来了解一下不可不知的人性十大驱动力。

## 不可不知的人性十大驱动力

从现在开始，我们将了解人性中最为隐秘的部分，就像窥视人们大脑中的雷达系统一样，充分把握人们的行为动机。

任何人做任何事情都有其动机和目的，也就是什么原因令他们做出这个行为，以及这个行为期望导致的结果。只有了解了一个人的行为动机，知道这个人想要达到的目的，才能与他进行真正的心灵沟通。在此基础上创作出来的销售文案，才能吸引目标客户并促使成交。

人们的行为动机，我们称之为“人性”，也就是人的本性。不管是远古时代，还是再过若干年，人类的这些本性都不会改变，人人都会因为这些本性去采取行动。就像饿了想吃饭，渴了想喝水，亘古不变。

八大梦境是人们行动的目的，下面谈到的人性十大驱动力，则是人们采取行动的动机，正是它们驱动人们向前走，产生购买的原始动力。只有掌握这些，你才能知晓人们采取行动的心理奥秘。

## 第一大驱动力：生存

衣食住行，吃喝拉撒睡，是每一个人都要做的。这些行为源自动物本能，无法逃避，也无法消除。

人类为了生存，不断地寻找各种资源，这几乎是早期人类的全部活动。随着工具的使用，获取资源变得相对容易。有时，人类甚至不惜发起战争，以争夺更多的资源，其中重要的原因就是为了生存。

很多成功创业的人，小时候都经历过饥饿和贫穷。他们之所以能够获得成功，就是因为追求生存的动力太强烈了。他们内心有一种固执的想法，就是通过不断地赚钱来满足自己对于生存的恐惧和渴望。

很多销售型企业都喜欢招募农村出身的员工，因为富二代不好管理，追求金钱的内在动力不足，也没有对生存产生过恐惧和危机感。农村孩子渴望成功、追求财富的动机和渴望则强烈得多，这种动力源于他们对于生存的恐惧和渴望。

当人们满足了生存这个需求之后，就会思考如何延续自己的生存时间，思考如何逃避病痛，以及如何延伸出更多的生命。

## 第二大驱动力：性

孔子在《礼记》中讲："饮食男女，人之大欲存焉。"性是人类生存和繁衍的基础和需要，人一旦身体发育成熟，身体和心理就开始具有了性这方面的表现、宣泄和获得满足的需要。

任何一个成年人，都有正常的性需求，同时解决繁衍后代、种族延续的问题，这是来自人的本能的驱动力，无法消除。

到互联网上去看看，经常会看到美女社区等，都是希望利用性的驱动力来吸引人们的注意，大量获取流量。

## 第三大驱动力：享受与放纵

不知道你有没有注意，动物园的猴子吃饱喝足之后，最常见的场景就是舒舒服服地躺在树枝上边晒太阳边捉虱子。

人也是如此，吃饱喝足之后，如果没有其他追求的话，就想多享受一下，甚至想偶尔放纵一下自己。

## 第四大驱动力：虚荣心与傲慢

你知道吗，很多员工离职，有时并不是因为收入太低，而是因为老板不重视他，所以才会选择离开。

人们为什么要购买那些昂贵的奢侈品呢？譬如LV、名表、豪车。其实都是想从中得到别人的尊重，让人觉得他很重要，或者很有能力。给自己贴一个标签和LOGO，其实就是想满足自己的虚荣心。

## 第五大驱动力：求知欲和好奇心

好奇心源于人的求知欲，这也是人类的生存本能之一。这样的本能，是通过千万年的进化不断强化得到的。

众所周知，人类对于其他动物，最大的优势在于拥有超高的智力。没有智力，人类可以说完全没有生存的优势。为了保持这种优势，人类需要有很强的求知欲，这样才能促进人类智力的持续发展。

千百万年的自然选择，让好奇心强烈的人类得以存活，好奇心不强的物种则被淘汰。因为求知欲强，人类的智力发展得更快，更能适应周围的环境。

好奇心和求知欲表现在人们对感兴趣的内容充满了行动力。在创作销售文案的过程中，这一点通常也是需要关注的。

## 第六大驱动力：自私与贪婪

关于自私，先来看一个小故事。

越南战争期间，一名美国士兵服完兵役后回到国内。在旧金山旅馆里，他辗转反侧，夜不能寐。午夜，他给家中的父母打了一个电话。

“爸爸，妈妈，我要回家了，但是我要你们帮一个忙，我要带一位朋友一起回来。”

“当然可以”，父母亲回答说，“我们见到他会很高兴的”。

“但是，有件事一定要告诉你们，他在那次可恶的战斗中踩响了一颗地雷，受了重伤。他成了残疾人，少了一条腿和一只手。他无处可去，我希望他能和我们住在一起。”

“我们为他感到遗憾，孩子。我们帮他另找一个地方住下，好吗？”

“不，他只能和我们住在一起。”

“孩子，你不知道，这样他会给我们带来多大的拖累，我们有我们的生活。孩子，你自己一个人回来吧，他会有活路的……”话没说完，儿子的电话就挂断了。

父母在家等了许多天，一直未见儿子回来。一个星期后，他们接到警察局打来的电话，被告知他们的儿子坠楼自杀了。

悲痛欲绝的父母飞到旧金山。在停尸房内，他们认出了他们的儿子。然而，他们惊愕地发现：他们的儿子少了一条腿，一只手。

因为自私，这对父母失去了他们唯一的儿子。

这个故事虽然无法考证其真伪，但是这个故事的场景我们并不陌生。其实遇到这样的事情，每一个人内心都可能做出这样的回答，这是人类自私的本性使然。为了自己的利益，人们会驱使自己做出更多符合自私原则的行动。

贪婪是一种更加自私的表现。贪婪就是希望占有比需要的更多，比有限的需求拥有更多。就像赌博，很多人赢了还想赢，这就是贪婪的本性在作怪。

贪婪，简单直接地说就是爱贪便宜。人们在日常生活中有很多贪婪的行为表现，比如很多女生购买化妆品，其实只是因为能够额外获得试用品和小样。她们并非缺那些试用品和小样，只是觉得有了试用品和小样，购买显得更划算，更值得，因为花同样的钱还可以额外获得小样套装。

近几年互联网有哪些营销活动成功利用了人类贪婪的本性呢？百度网盘刚推出来的时候，只有几百GB的空间，许多人对此并不热情。但是当百度推出1TB和2TB的空间后，人们开始去疯抢。尽管很多人永远也用不了这么大的空间，但是大家都会抱着先抢回来再说的心态参与其中，这也是一种贪婪的表现。从营销的角度来看，百度网盘就是利用人类贪婪的本性，成功地实施了一次网盘推广活动。

## 第七大驱动力：懒惰

人们经常说勤劳是一种美德，其实勤劳只是外在的表象，懒惰才是人类的本性，是根植于人性中的不变的因素。只要能偷懒，人们总是追求尽可能少地付出劳动，多获得休闲和休息的时间。

古人虽说是日出而作，日落而息，但是大白天偷懒的人并不鲜见。现代人努力地工作，只是不得已而为之，上班时间偷懒耍滑的也并不在少数。

与体力劳作不同的是，现代人用于脑力劳动的时间更多。动脑筋是很苦很累的事情，所以才有“绞尽脑汁”的说法。人们骨子里的懒惰天性总是会持续发作的，结果就是不愿意动脑子，不愿意作深入的思考，于是就有了一个心理学术语——路径依赖。

所谓“路径依赖”，就是“世上本没有路，走的人多了，也就成了路”。面对一片荒山，一个人走过去了，只是留下些许足迹。一群人走过去，就成了路。一旦形成一条路，很多人就会习惯性地沿着它走下去，不会再辛苦地开辟另一条路。

对于人类而言，既然这条路走得通，那就最好天天走这条路，省心又省力，何乐而不为呢？

## 第八大驱动力：妒忌与愤怒

只要稍微注意一下，就会发现社会中存在大量这样的现象：当一个人拥有别人无法得到的优势的时候，旁边的人就会产生强烈的妒忌心理。这是人的本性使然。

以私家车为例，很多家庭可能并不需要购买私家车，但是出于攀比的心理，别人家已经买了，所以自己也一定要买。这种盲目的攀比心理，同样源于人类的妒忌心理。

愤怒，是自己无能为力却又迫切想要得到的一种心理表现，这也是人类内在心态的真实表现。

## 第九大驱动力：胆怯与恐惧

人类的内心十分脆弱，对外界事物和未来的不确定性充满了恐惧，害怕失去，害怕面对。每个人的内心都有一个胆怯的自己。

## 第十大驱动力：同情心与爱心

同情别人、爱别人和被别人爱，同样是每个人内心渴望得到和想要去做的。

如果人的本性只有性的需求，那么就不一定有婚姻。婚姻源于每个人潜意识都有一个渴望，就是被人无条件接纳。当女孩认为另一半无条件接纳她时，那么女孩就很容易被感动。

以上是个人行为的原始驱动力，不管是伟人还是普通人，人人都拥有，只是一部分偏多，另一部分偏少的区别。

在创作销售文案，制造内心诉求的时候，利用人类的本性推动人们前往购买，是一种非常有力的方法，而且也是非常有效的方法。

# 控制人们行为的四大力量

别人为什么要跟着你走，为什么对你做出的决策言听计从？

人的大脑潜意识除了对直接的数据和具有说服力的理由进行处理以外，还会接收一些看不见的信息。掌握了它们，就可以获得进入客户大脑的金钥匙。

## 人性控制秘诀之一：信念

有没有考虑过，当我们购买产品的时候，是什么力量推动我们做出购买的决定？

你有没有这样的经历，在面对一个非常自信的人时，很容易认同他的观点？

大家都希望从自信满满的人那里购买产品，只有在你完全相信自己产品的前提下，客户才会相信你的产品。没有一个人会购买商家都觉得没有信心的产品或服务。

例如买西瓜时，你会这样问："这西瓜甜不甜？"如果对方说："不甜不要钱！"你出手购买的可能性会非常大。

如果商贩说："也许甜吧！"相信你听了之后，很可能打消购买的念头。即使购买，也会显得犹犹豫豫，不那么畅快。因为对方对自己的产品都表现得缺乏信心，万一买到不甜的西瓜呢。

成功的销售一定会给客户这样一种感觉：你购买的东西物超所值，你是最聪明的人，因为你做出了最明智的选择。催生并传递这种有信心的感觉，需要销售人员对自己、对产品、对公司、对客户表现出高度的自信。

让客户认为你就是行业里的专家，你就是帮助客户的最佳人选，你们的合作是最好的，保持这样一种强烈的信念，会让你的销售业绩一路攀升。

再举一个例子。

如果你现在打算购买一套房子作为投资。要想从这套房子获利，一般都在多年以后，那么是什么原因导致你现在下这个决心呢？

答案就是：信念！

可以分析一下，是不是对这套房子升值的预期判断坚信不疑，确信这套房子所在的地段、内在品质以及随着市场大环境的变化，房屋的价格是一定会上涨的？

产生购买行为最重要的一个环节，就是引导客户相信！一旦客户相信你的品牌或者产品，销售也就自然而然地完成了。相反，如果没有在客户心目中建立起信念，所有的销售工作都将变得十分艰难。

如果想让大家投资房产，房地产商一定会将整个地段和房子价格以及未来毫无疑问将会上涨的预期信念不断地传递到买家的大脑里面，这样才会让很多人心甘情愿地掏出几十万甚至几百万元去做房产投资。

再举一个例子。如果你是一名越野爱好者，现在想挑选一辆越野车，在你预算充足的情况下，你会选择什么品牌呢？

越野车有很多品牌，有进口的，也有国产的，有些品牌可能涉及品质，有些涉及性能。不管选择哪一个品牌，你一定坚信这个品牌的车子是最适合你的，你的头脑中坚信这个品牌车辆的品质和性能是最棒的，是最适合你的。

比如悍马，你一定认为它是最强悍的，因为这是军用越野车。还有人会选择路虎，因为该品牌有越野车的正统血统。还有人可能会选择其他品牌。不管最终选择什么品牌，都是你头脑中原有的信息决定了你的选择。

这些之前就已经存储在大脑中的信息，是各品牌厂商通过营销行为不断传递给你的。当人们不断地接收厂家传递的此类信息时，你的信念就会建立起来。

当国产品牌的车子还在拼价格、拼性能的时候，国际大牌的越野车已经在信念层面建立了牢固的优势，牢牢地控制着人们的购买行为选择。

下面一起来看一下路虎品牌的广告片，看看该品牌是如何从信念层面来影响人们的购买决定的。

1947 年，我们的传奇从灵感中启程！

成长让我们变得强大自信。无论在世界的哪一个角落，我们随时准备全情投入，直面任何挑战。

放眼未来，我们铸就了一个引以为傲的家族，以融于血脉的勇气与实力，让路虎精神一脉相承。

我们从不追求虚荣和时尚，只为不负重任，引领世人无所不至。我们有信心，更有能力开启下一段传奇旅程。

所以，65 年后的今天，我们依然，above and beyond！

图 1-1　路虎广告图

每当笔者播放这段广告片给学员观看的时候，很多人从内心被彻底征服，被广告片传达的信念征服，许多人也因此在心中燃起拥有一辆路虎品牌 SUV 的愿望。

成交是一种信心的转移。经营产品，经营企业，就是传递让人“相信”的力量。

作为企业老板和销售文案策划人员，300% 地相信自己的产品一定能够帮助客户解决问题，购买绝对是客户的最佳选择，不买绝对是客户最大的损失。300% 地相信，自己的公司一定能为顾客提供最好的服务和保障。300% 地相信，自己一定可以为客户带来更多的利益和帮助。300% 地让客户相信，双方的合作是最佳的选择。

这是创作销售文案的基本心态，甚至是开发新产品的基本心态。销售就是将信心转移给客户，让客户相信自己的产品，了解自己的产品，这样客户才算真正地理解你的产品。

当我们想要影响客户，想去“控制”客户的内心世界时，一定要对产品建立信念。没有一个人能够在自己都对产品抱有疑虑的前提下，还能够把产品销售得很好。

我们要 300% 地相信和了解我们的产品，为促使客户购买我们的产品找到充分的理由。为什么是 300%？当我们传递信息的时候，客户可能只能接收到 20% ~ 30% 的信息。只有我们坚定地相信自己的产品，对自己的产品抱有 300% 以上的信心，才能给客户传递 60% ~ 100% 的信心。

## 人性控制秘诀之二：价值观

有些产品质量再好，设计再完美，也只能吸引一部分人购买。人们购买产品，关键不在于产品的价值，而在于客户的观念。一旦他们在观念中不再认为你的产品重要，就算你的产品再有价值，他们也会无动于衷。

控制人们的价值观，就是告诉人们你应该拥有什么，这比直接宣传产品有多完美威力强大 100 倍以上！

大多数客户的内心是迷茫的，并不清楚自己想要什么。成熟的企业永远不在产品特性上和其他企业竞争，而是在价值观层面开展竞争。

前面谈到了信念，并举了一个例子，路虎品牌用制造纯正的越野车帮助客户建立信念，同时也在影响人们的价值观。选择越野车，就要选择纯正的越野车，广告片只是利用坚定的信念这一手法来向人们传递这种价值观。

还有一个非常不错的越野车广告——凯迪拉克的 66 号公路。下面一起来看看这个越野车的广告词是怎么创意的。

图 1-2　凯迪拉克 66 号公路越野车广告图

想笑就放肆地笑，想去哪里，转身就出发；眼前是真的世界，心里，是真的自由；如果你想知道什么是自由，就把凯迪拉克开上66号公路——凯迪拉克66号公路。

在这个广告片中，凯迪拉克通过宣扬“自由”这个社会价值观来控制人们的想法。想拥有自由自在的生活，那就选择凯迪拉克66号公路越野车。认同和追求自由生活的人，会对这个品牌的越野车产生强烈的认同感，所以这款车销售得非常不错。

这个例子很棒，对不对？

价值观主要是解决客户对产品的“必须性”问题，就是告诉客户，你必须拥有这样的产品，从而在客户大脑植入购买的标准。

第一种引导价值观的方法，是利用大众已经形成的价值观进行引导。

这是广告文案中常见的一种手法。比如，“今年过年不收礼，收礼就收脑白金”，就是利用“过年必须送礼”的价值观引导消费。

在日常生活中，有些细小的观念需要不断地去引导和改变，比如消费的观念，比如教育投资的观念，等等。

第二种引导价值观的方法，是利用故事和案例进行引导。

很多人对于学习的投入是十分吝啬的，认为投入时间和精力去学习，或者花钱购买学习资料是最不划算的。他们愿意以高昂的价格购买一些消费品，对于学习的投入却舍不得，为什么？因为知识的积累需要一个较长的过程，无法取得立竿见影的效果。

笔者原来也有这样的认识误区，总是通过其他一些渠道寻找免费的资料来学习。但是在笔者经营第一家企业遇到困难的时候，当时花费了人生中最大的一笔投资，相当于人民币2万元，在国外的一家销售文案培训机构参加远程学习。

之所以有这样的转变，是因为听到一位老师讲了他的创业故事。

这位老师用他的创业经历告诉我，在自己从低谷向上爬升的过程中，投资于学习发挥了巨大的作用。他说，真正的学习，是用钱购买别人多年的经验总结和研究成果，有助于我们少走弯路，使事业快速进入通向成功的快车道。

当笔者明白了这一点之后，在以后的许多年中，不断投资到学习和提升的活动中。不管这些投资收获大小，都会多多少少给笔者带来一些提升和改变。特别是投资于学习销售文案创作和演讲，给我的人生带来了巨大的改变。第一次在学习上的投资，让自己的企业起死回生。第二次在学习上的投资，为再次腾飞注入了强大动力。现在，笔者经常在全国进行巡回演讲，传播自己的营销思想和理念，也为我的人生发展带来了更大的希望。

这两次的教育投资经历，以及由此带来的投资观念和投资习惯的改变，让笔者从原来的程序员变成了现在的一名营销专家，受到全国各地企业家的欢迎。

现在笔者终于明白为什么马云那些大佬们，在他们成功之前总是不断地向大师们学习。不是那些大师有多么出众，而是能够从他们身上汲取发展的能量，从不同的角度获取别人对企业经营以及人生的经验和感悟。

当你听到以上这些描述的时候，对于投资学习的观念是否有所改变？这就是利用小故事改变人们固有观念的常用手法。

第三种改变人们固有观念的方法。

笔者曾经做过这样一个实验。

一本老旧的国外营销资料，不到100页，非常薄，拿在手中也很不显眼。笔者将其拿到办公室，给每一个到这里讨论营销问题的朋友翻阅，并让他们了解这本图书的内容。过了一段时间，笔者让朋友们对这本图书的内容发表意见和看法，并让他们对这本图书的销售价格进行出价。

朋友们翻阅完这本书之后，基本上都会这样说：这本书应该卖不出多少价钱，因为里面的知识很简单，内容也很少，特别是里面的很多知识过于陈旧。

笔者告诉他们，这本书至少价值 1 万美元，换算成人民币的话约 6 万元。

笔者同时给他们讲了跟本书有关的一个非常有趣的故事。

这本书的主人，之前与妻子和三个孩子租住在地下室生活，没有收入来源，还有很多的欠债。后来他看到一本古老的图书，然后按照这本书提出的建议，开始做起邮购生意，并把这个生意搬到了互联网上。

经过几年的努力，他的经营发生了翻天覆地的变化，他和家人也过上了有房有车的生活，住在市郊的别墅。每天不需要做多少工作，就有大量的现金进入他的账户。

现在很多人想找他学习这些赚钱的秘诀，甚至不惜花上万美金听他授课。后来，他将教学中总结出来的核心知识汇集成一本薄薄的小册子，放在互联网上销售，销售价格是每本 1 000 美元，这就是笔者让朋友阅读的这本图书。

当笔者把这个故事告诉朋友们的时候，他们都会和我说同样一句话："这本书可不可以借给我再认真看一下？"

笔者告诉他们，笔者只有这么一本书，花了 1 000 元才买到手，"如果你真的想要学习，你就出 100 元借阅它。"

意想不到的事情发生了，当场就有几位朋友掏出 100 元钱，要向我借阅这本图书。

这个故事的结局是，笔者收下了朋友的钱，因为笔者怀疑不收他们的钱，他们可能根本不会认真地阅读它。不过，笔者同时向他们赠送了许多非常有价值的营销资料。

在讲这个故事之前，这本图书值不了多少钱，甚至不会有人愿意掏钱购买它。但是当笔者讲完故事之后，这本书的价值就提升了至少 100 倍，很多朋友不但愿意借阅，甚至还愿意出更大的价钱购买它。

讲故事，这也是改变人们思想观念的一种方法。在创作销售文案或者做销售的过程中，大家也可以尝试采用这种方法来改变人们的观念。

这种转变人们观念的技巧就是：在你说出你的目的之前，一定要营造一种期待感！

在告诉人们这本图书的价值之前，先说明它的价值是 6 万元，让人们在心目中产生一种强烈的期待感，期待告诉他们这本书怎么就值 6 万元。这就是其中的秘诀！

**提醒：** 价值观决定人的行为，观念就是一切，市场营销就是转变观念。

世界上最优秀的营销高手，都会改变或者影响人们的价值观！

## 人性控制秘诀之三：情感 / 情绪

我们不要忘记，在我们生活中起主导作用的正是那些点滴的情感。我们在毫不知情的情况下，完全顺服于这些情感。

——文森特·梵高

《为什么人们会购买不需要的东西》一书的作者帕莫拉·丹奇戈有一个观点，他认为人们购买产品往往是为了获得情感上的满足，并不是为了获得产品本身。大家可以发现，每个能够打动人的动画片主人公形象，都可以制作出很多的公仔，并且大卖特卖，其中最主要的原因就是这些产品能够满足人们的情感需求。

看过《超能陆战队》动画片的朋友，一定对里面的大白印象特别深刻，而且会购买很多大白造型的卡通造型或者装饰品。很多商家设计出大量大白造型的纪念品，都获得了很大的销量。产生这一现象的主要原因，也是因为人们对大白这个人物怀有感情。

笔者认识一位非常成功的销售指导，他在和所有潜在客户第一次接触的时候，都会让他们认真填写一份简短的问卷。这位销售达人根据这些问卷，深入研究每个潜在客户的情况，再进行相关的跟踪。

通过研究每位潜在客户在开展业务方面存在的顾虑，潜在客户开始与该问题产生更多的情感联系，从而开始认真严肃地看待这个问题。通过一段时间的接触，这些客户通常都会意识到目前存在的财务问题将会影响整个企业的发展。随着客户对销售进程的情感投入越来越多，服务价格就不再是影响他们合作的关键问题。这位销售指导创造的业务量，通常要比公司最初联系他时要求的培训或指导项目多出很多。

大家还记得多年前雕牌洗衣粉曾经推出的两则广告吗？

一个小女孩看见妈妈给奶奶洗脚，若有所思。之后，小女孩晃晃悠悠地给妈妈端来一盆洗脚水。

妈妈下岗了，看到操劳的妈妈，小孩子开始意识到该为妈妈做点事情，就为妈妈洗衣服，并站在椅子上把衣服晾到阳台的挂衣竿上。

这两则广告为何成为难以遗忘的经典呢？就是利用了“孝道”这个主题来诠释情感，通过情感“控制”人们的思维，从而推动产品销售。曾经有观众非常惭愧地说：“那么一丁点儿的孩子都知道给妈妈打洗脚水，我为父母做过些什么呢？”这就是激发情感和控制人们行动的秘诀。

除此之外，雕牌还推出了一系列与家庭和亲情有关的广告，广告词为“只买对的，不选贵的”，充分表达了雕牌关爱大众的品牌理念。

一直以来，我就知道德芙巧克力的英文名字“DOVE”，是“DO YOU LOVE ME”的英文缩写，却从不知道它背后的故事。偶然的机会，闯进一位朋友的QQ空间，看到了有关德芙英文名字的这则故事，并大受感动。

1919年春天，卢森堡王室迎来夏洛特公主继承王位，同时夏洛特公主又嫁给了波旁家庭的后裔费利克斯王子。

作为王室后厨的一个帮厨，莱昂忙坏了，整天都在清理碗筷和盘子，双手裂开好多口子。当他正在用盐水擦洗伤口时，一个女孩儿走过来，对他说：“这样一定很疼吧？”这个女孩就是后来影响莱昂一生的芭莎公主。

两个年轻人就这样相遇了。从来没有人疼爱的莱昂，遇到了善良的芭莎。芭莎只是费利克斯王子的远房表妹，所以在王室的地位很低，难得的美食——冰淇淋，是轮不到她品尝的。

认识芭莎之后，莱昂每到晚上就悄悄溜进厨房，为芭莎做冰淇淋。两个人总是一边品尝冰淇淋一边谈天说地。芭莎还教会了莱昂说英语。

情窦初开的甜蜜萦绕在两个年轻人的心头。不过，在那个尊卑有序的保守年代，由于身份和环境特殊，他们谁都没有说出心里的爱意，只是默默地将这份感情埋在心底。

卢森堡和比利时订立了同盟，为了巩固两国之间的关系，王室联姻成为最好的办法，被选中的人就是芭莎公主。

一连几天，莱昂都看不到芭莎，他心急如焚。一个月后，芭莎终于出现在餐桌上，此时她已经瘦了一大圈，整个人看起来很憔悴。

莱昂准备甜点的时候，在芭莎的冰淇淋上用热巧克力写了“DOVE”这几个英文字母，这是“DO YOU LOVE ME”的英文缩写。

他相信芭莎一定可以猜到这几个字母的意思。然而直到热巧克力融化，芭莎都在发呆。

几天之后，芭莎出嫁了。

一年后，忍受不了相思之苦的莱昂离开了王室后厨，带着心中的隐痛，悄然来到美国一家高级餐厅。这里的老板非常赏识他，还把女儿许配给莱昂。

流逝的时光，幸福的家庭，平稳的事业，还有儿子的降生，都没能抚平莱昂内心深处的伤痛。他的心事没有逃过妻子的眼睛。知道莱昂内心的隐秘后，妻子的愤怒终于爆发出来，并伤心地离开了这个家。

此后莱昂一直独身，带着儿子经营一家糖果店。1946年的一天，莱昂看到儿子在追逐一辆售卖冰淇淋的车子，记忆的大门顿时被打开。自从芭莎离开后，莱昂便再也没有做过冰淇淋。莱昂决定重操旧业，继续制作冰淇淋，以此怀念远去的芭莎。

经过几个月的精心配制，一款富含奶油，同时被香醇的巧克力包裹的冰淇淋问世了，冰淇淋上还被刻上了四个字母“DOVE”。儿子天真地问莱昂“DOVE”（德芙）是什么意思，莱昂轻轻地说：“这是冰淇淋的名字”。

德芙冰淇淋一推出就大受好评。正在此时，莱昂收到了一封来自卢森堡的信，信是之前一起在卢森堡御厨干活的伙伴写给他的。莱昂从信中得知，芭莎公主曾经派人回国四处打听他的消息，希望他能够去探望她，却被告知他去了美国。由于第二次世界大战的原因，这封信交到莱昂手里时，已经迟了一年零三天。

莱昂历经千辛万苦，终于打听到芭莎的消息，只是此时的芭莎和莱昂都已经老了。当莱昂见到芭莎时，芭莎虚弱地躺在床上，曾经如清波荡漾的眼神变得灰蒙蒙的。莱昂扑到她的床边，眼泪抑制不住地滴落在她瘦削苍白的手背上。芭莎伸出手来轻轻抚摸莱昂的头发，用微弱得几乎听不到的声音喊着莱昂的名字。

芭莎回忆说，当时她非常爱莱昂，曾以绝食拒绝联姻，因此被圈禁了一个月。她深知自己无法逃脱联姻的命运，何况莱昂从未说过爱她，更没有任何承诺。在那个年代，女子要同整个家庭决裂，是需要付出很大代价的。最终她只能向命运妥协，条件是离开卢森堡前，能回王宫喝一次下午茶。她想在王宫与莱昂作最后的告别。她吃了莱昂送给她的巧克力冰淇淋，却因为发呆没有看到那些融化的字母。

听到这里，莱昂泣不成声。过去他对芭莎的绝情抱有误解，现在终于有了答案，但这一切来得太晚了。三天之后，芭莎离开了人世。

莱昂听佣人说，自从芭莎嫁到比利时之后，整日郁郁寡欢，导致疾病缠身。得知他离开卢森堡并已经在美国结婚后，从此一病不起。

芭莎的故去，让莱昂感觉无限悲凉。如果当年冰淇淋上的热巧克力字母不融化，如果芭莎明白他的心声，那么她一定会与自己生活一辈子。如果那巧克力是固体的，那些字母就永远不会融化，他就不会错失与芭莎共同生活的机会。为了纪念芭莎，莱昂决定制造一种固体巧克力，使其可以保存得更长久。

经过苦心研制，香醇独特的德芙巧克力终于制成了，而且每一块巧克力上都被牢牢地刻上“DOVE”几个清晰的字母。

莱昂以此来纪念他和芭莎那错过的爱情。

莱昂与芭莎的爱情苦涩而甜蜜，悲伤而动人，如同德芙巧克力的味道。

如今，德芙巧克力已经有了数十种口味，每一种爱情都能在不同口味的巧克力中诠释和寄托。全世界也有越来越多的人爱上因爱而生、由冰淇淋演变而来的德芙巧克力。

当情人们送出德芙巧克力时，就意味着送出了那曼妙的爱情问句：DO YOU LOVE ME？这也是德芙巧克力创始人在提醒天下有情人，如果你爱他（她），请及时让爱的人知道，并记得深深地爱他，永不放弃！

一个富有浪漫情感的爱情故事，让一个品牌畅销几十年，这就是情感控制的力量。当人们每一次想要表达爱意的时候，就会购买德芙巧克力，送给心中属意的他（她）。

还有这样一个故事。

一个乞丐在路边乞讨，面前纸板上写着“我什么都看不见”几个字，结果施舍者寥寥。

正巧一位女士路过，她决定帮助乞丐一把，于是顺手在纸板上加了几个字：“春天来了，风景很美，我依然什么都看不见！”

结果不到半个小时，乞丐面前的罐子就塞满了钱钞。

虽然只是在纸板上加了几个字，但是加得恰到好处，引起了过路行人的同情和情感共鸣。人们的善心被激发出来，同时内心的情感也被激发起来，效果马上就不同了。

下面再来看一则来自日本的募捐文案。

## 每晚，都能听到枪声……

大家好，我是 ×× 难民支援协会派往卢旺达附近的刚果民主共和国金沙萨市的北上美子。

×× 难民支援协会，是一个救援难民的国际组织。我们和金沙萨市的各种非政府组织一起，正在开展紧急救援活动。保护难民家庭，进行人道主义援救，或为他们寻找安居之地，是我们的工作。

外面漆黑的夜空里，每天晚上都能听到枪声，夜里已经颁布了戒严令。平民遭受暴行，因流弹牺牲的惨剧每天都在上演。

比如，有些女性难民在打水的途中就遭到了侵犯。纷争的结果，导致无辜的平民不得不在残暴的武装势力下胆战心惊地度日。

我遇到一个 16 岁的少年——詹西，他就是被强行征兵的。被监禁的詹西哭着，用颤抖的声音告诉我，他想再次见到家人。

“我原来居住在卢旺达难民营。一天，士兵告诉我说会给我工资，就把我抓到了军队驻扎地。可是他们根本不发工资给我。他们强迫我干活，我讨厌这里。后来我终于逃了出去，但不幸被士兵发现，我被捕了。我现在只是肚子饿而已……”

……

目前，迫切需要援助的人有数千万之多，他们都生活在极度恐慌和不安之中。

难民营里有学校，却没有房子，孩子们每天坐在地上上课，每天分到的食物只有很少一点儿。

帮助难民家庭并不需要很多钱，只要 5 000 日元，就能为他们提供 10 条毛毯。如果有 1 万日元的话，就能为 25 个人进行健康检查。你的点滴付出，会惠及难民生活的方方面面。

期待各位的热心捐助！

××难民支援协会

北上美子

附：我真想对那些难民说：“即使你的生活成不了新闻，你也不会被国际社会抛弃。”

当你看完这则募捐的文案，是否有马上行动的念头呢？当情感调动起来之后，人们的行动力会急剧上升。所以，当我们面对销售对象时，要将情感注入销售的过程中，情感的力量会极大地提升你的成交率。

关于情感的内容，后面还会详细地阐述。

## 人性控制秘诀之四：情景化

我们可以比较下面这个例子，看哪一个更具有诱惑力。

修改前：

你会收到6个我妈妈亲手从我们后院的农场中采摘的红苹果，非常好吃，它们可能是你吃过的最好的苹果。

修改后：

就等着品尝美味的红苹果吧，这将是你吃过的最甘甜、最多汁、最令人垂涎的苹果！不仅仅是一两个，而是6个香脆、美味的苹果，每一个都是我73岁的老妈妈亲手从我们自己后院那金色的阳光普照的果园里摘下来的！

显然，第二个经过情景化修饰的文字，足以打动每一个人的内心，让读到这段文字的人禁不住想要尽快品尝一下这些由73岁的老妈妈从金色的阳光普照的果园里面采摘下来的最甘甜、最多汁、最令人垂涎的苹果是什么味道。

大脑是依靠视觉、听觉、触觉、味觉、嗅觉这五种感觉来理解、判断事物的，心理学中有人将这五种感觉称为“表象系统”。

人们利用视觉、听觉、触觉、味觉、嗅觉从外界获取信息，大脑中形成的画面，都是通过这五个感官系统形成的，然后在大脑中产生认知，最后才能采取行动。也就是说，只有在大脑中形成了感性的认知，人们才会产生购买行为。

根据人与人之间的差异，不同的人依靠不同的表象系统来理解事物。有人利用触觉来理解事物，有人利用视觉来理解事物，还有人利用听觉来理解事物。

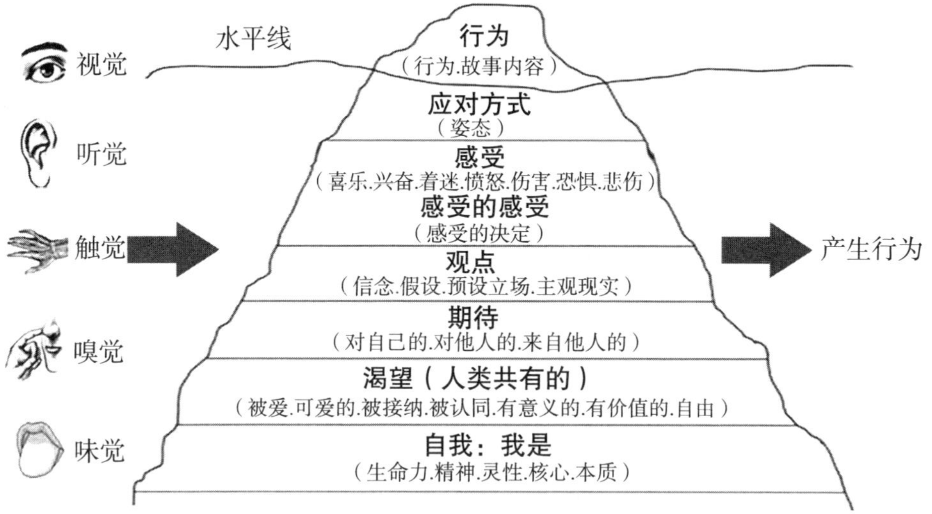


图 1–3　弗洛伊德冰山理论

靠视觉理解事物的人，经常使用的语言是“看”“视点”；靠听觉理解事物的人，常用的语言是“听到”“考虑”；靠触觉理解事物的人，经常使用的语言是“感觉”“抓住”。

将这个技巧应用到销售文案中会有什么样的效果呢？不管是做销售还是传播，都要有意识地利用文中提到的视觉、听觉、触觉的各种表现，来完成销售文案的创意制作。

例如，“一看就明白”“视野开阔”“眼前一亮”“眼前的迷雾一下子就散开了”“一下子焦点就对上了”等，对于视觉理解者来说很容易理解。

“听到了”“嗞——一下子进入了耳朵”“像风的声音”等表现方法，是面向听觉理解者的。

“请感觉一下”“抓紧了”“绝对不要放手”等表现方法，是面向触觉理解者的。

请看下面的文字。

至于甜点，这款核仁巧克力饼会刺激您的味蕾。我们一开始给自制的新鲜核仁巧克力饼加热，直到它变得滚烫的时候，再加两勺浓郁的法式香草冰淇淋，然后在饼上洒一点儿巧克力软糖。接着，在四周浇上新鲜的奶油泡沫，最后以鲜红色的樱桃点缀。而它仅需99元。

你是不是已经在流口水了？你的脑子里是否已经出现美味甜点的画面？不妨将以上描述与下面这段介绍文字比较一下。

至于这个甜点，我们是用核仁巧克力饼和奶油制作而成的，价格是99元。

显然，这样简单的描述是无法打动人的。

接下来看一下对于毛巾的情景化描述。

由于毛巾经常处于潮湿状态，每天会滋生500万以上的细菌与微生物来破坏你的皮肤。当你在显微镜下观察的时候，你会发现，这些怪物长得奇丑无比，比蜘蛛、蜈蚣还恐怖。它们张牙舞爪地向你示威，一旦接触你的皮肤，就像发了疯似地钻进你的毛孔，开始一系列的破坏动作，疯狂地撕咬你健康水灵的细胞，让它们变得血肉模糊。它们还会在你的毛孔里排出大量的粪便，让你的毛孔一再粗大变黑，甚至变皱！

更可恨的是，就算你经常晾晒自己的毛巾，也不能完全杀死它们。只要有一个细菌，一晚上就能裂变成好几百万个，而且它们会在你的毛巾上排下粪便。一条用了一周的毛巾，表面三分之二都是这些怪物的尸体和排泄物。也就是说，你每天都在把这些肮脏的东西涂在脸上，你能想象这是多么恐怖的事情吗？

当你看完这段描述之后，内心是否对毛巾充满了恐惧？这就是情景化给人们内心带来的巨大影响。具体的情景化描述的运用方法和技巧，后面还会有更加详细的讲解。

## 善用“BFD公式”做客户分析

当我们了解了人性十大驱动力、人生追求的八大梦境以及控制人们行为的四大要素之后，还需要了解客户在驱动力和梦境之间有多长的距离，需要了解客户目前的状态，充分分析客户现在的情绪、态度、感受和渴望点是什么。

只有了解了信念(Beliefs)、感受(Feelings)以及渴望(Desires)这三个层面的信息，才能够正确无误地驱使人们更加愉快地购买你的产品。

就像一个车子开在前往目的地的途中，我们知道它的起点，也知道它即将到达的终点，但是我们不知道这辆车子现在行驶在什么地方，这辆车子目前的状况，那么我们该如何告诉他走另外一条路可以更快地到达目的地呢？

BFD公式可以帮助我们充分了解客户在追求梦境过程中当前所处的位置信息。

### 1. 信念

你的客户现在相信什么？他们对于产品的态度如何？他们如何看待产品具有解决问题的能力？

要去寻找客户内心购买产品的理由，还要发现哪些让人相信的方法对他们有效，同时了解他们处理事情的观点。

这里所说的信念，与人性控制秘诀中所说的信念是不同的。前面谈到的信念，指的是商家对于经营产品的信念。这里谈到的信念，是客户内心对于目前市场环境的信念。

只有了解我们自己的信念和客户内心对于目前市场环境的信念，才能知道我们和客户之间认识上有哪些差距，才能策划出更好的令客户急迫想要行动的销售文案。

## 2. 感受

他们有什么感觉？他们是自信气盛，还是紧张害怕？他们对生活、商业来往或业界的重要问题有什么感受？

人们内心有许多感受，他们急迫想要改变这些感受，比如：

◎我为钱担忧。

◎我寂寞。

◎我怕人。

◎我受不了我的工作。

◎我受够了我的孩子们。

◎这个世界很残酷。

◎我饿了。

◎我需要减肥。

◎我希望碰到特别的人。

◎我在想如何才能赚更多的钱。

◎我希望我的孩子听我的话。

◎我担心钱不够了。

◎我很孤独。

◎我怕别人说三道四。

◎我要还房屋的按揭贷款。

## 3. 渴望

他们想要什么？他们的目标是什么？他们想要在生活中看见哪些

改变，正巧这些渴望是你的产品可以协助达成的？

下面介绍 10 个精准的市场诊断和巧妙的问题。

（1）是什么让他们夜里无法入睡？

（2）他们最害怕什么？

（3）他们对什么感到气愤？他们对谁感到气愤？

（4）他们每天最受挫折的事情是什么？

（5）目前正出现什么趋势，在他们的职业生涯或者生命中将会发生什么事情？

（6）他们自己心里热切盼望的东西是什么？

（7）在他们做出决策的时候，大脑中是不是存在一种既定的偏见（举例来说，工程师 = 非常善于分析）？

（8）他们有没有自己的语言？

（9）他们之中谁在出售同类产品？这些对手是如何进行销售的？

（10）还有谁曾经试图出售类似的产品？这些产品是如何失败的？

举例来说，有家公司专门为信息科技人员举办沟通讲座，让信息科技人员学习人际交往的技巧。他们聘请了一家营销公司召开分组会议，让信息科技人员做 BFD 公式练习，结果得到了以下答案。

1. 信念

信息科技人员认为自己比其他人聪明，科技是全世界最重要的事，用户都很笨，管理阶层不够赏识他们。

2. 感受

信息科技人员通常跟管理阶层或用户发生对立，虽然两者都是他们的服务对象。他们觉得对方不喜欢他们，瞧不起他们，而且也不了解他们正在做什么。

3. 渴望

信息科技人员想要被赏识、被认同。同时他们宁愿跟计算机打交道，尽量避免应付人，而且他们希望可以有更多的预算。

根据以上分析，特别是针对信息科技人员的感受，这家公司撰写了一份销售文案，后来成为“信息科技人员人际关系技巧”讲座最成功的一次营销。这份信函有一个颇不寻常的标题：“想叫终端用户去死吗？以下是给信息科技人员的重要信息。”

在创作销售文案之前，不妨先以 BFD 公式描述你的目标市场。也可以与工作团队分享这些描述，同他们取得共识，最后根据这些共识来撰写销售文案。

有时候正式的市场调查也能揭示销售对象的渴望，以及他们关心的是什么。举例来说，一家广告公司为食用油广告撰写文案时，先阅读调查公司的调查结果，从中找到用户的一种说法：“我会先用这种油炸鸡，然后把剩油倒进量杯，结果我发现炸鸡竟然只用掉一小汤匙的分量。”

上述说法埋藏在市场调查报告的附录里，但最后成就了一段成功的电视广告，广告卖点就是食材不会吸收这种油，所以用这种油炸东西不油不腻。

资深广告人乔·萨科 (Joe Sacco) 曾经为糖尿病患者注射胰岛素使用的新型注射笔撰写文案，之前他调查了许多客户。

很多糖尿病患者都对新型注射笔赞不绝口，因为它足够锐利，没有接触过的人可能会觉得“锐利”是个负面的形容词。但假如你曾经为自己或别人打过针，你就会知道针头越尖，就越容易推进，疼痛感也越低。

于是乔·萨科以针头尖锐为卖点，创作了一则非常成功的销售文案，强调新款胰岛素注射笔不但使用起来更容易，而且没有疼痛感。

销售文案创意作家唐·霍普曼建议：“从销售对象出发，而不是产品本身。”有了 BFD 公式，你可以在尝试销售产品之前，先取得对销售对象更进一步的认识和了解，接下来通常你能制作出更强有力的广告文案。

# 如何对目标客户群做人物画像

在试图知道客户如何才会购买我们的产品的时候，首先需要了解客户购买的心理背景，以及他们对于销售文案积极或者消极的反应。当我们分析了这些内容，一个普通人的组合画像就渐渐成型了。这个心理分析过程包含了训练、教育、个人特质、感受、迷信和个人哲学思维的相互组合与变化。

这幅画像看起来就像所有客户的一个浓缩，从这个画像中分析出来的人，就是所有客户里面的典型客户。

## 分析客户的方法

一般来说，分析画像应先从公司的服务、产品入手，并仔细考虑以下两个方面。

（1）产品或服务能满足客户什么需求？

满足客户需求的特质是产品的核心竞争力，那么一般客户在接受服务或购买产品过程中会产生什么疑惑？需求和困惑能折射出客户的某些心态、价值观、思维习惯、受教育程度、生活背景……这些都能为人物分析提供可靠的线索。

（2）客户是怎样寻求“解决困惑的答案”“满足需求的产品”的？

“寻求”的过程，能很好地描述出他们的行为习惯。

对目标客户群进行人物画像，正是把以上两个问题的答案作为基础，利用扩散思维，找到这个群体的共同特征和个体特征，再从以下几个方面来具体刻画。

（1）设定基本条件：年龄段、性别比例、人数、身高、体重……

（2）他们的受教育情况：学历、学科、国内就学还是有留学经历……

（3）他们的工作经历：就业情况、所在行业、工作职能、收入情况……

（4）他们的生活背景：婚姻状况、家庭状况、社交圈、生活品质……

（5）他们的地域范围：所在地域、当地气候和人文特点……

（6）他们的兴趣爱好和关注点：娱乐、科技、新闻……

（7）消费能力与习惯分析：购物习惯、消费层次……

（8）网络行为习惯分析：什么时间上网、上什么网站、活跃度如何……

（9）购买人群的 BFD：信念、感受、渴望。

在分析刻画过程中，要多听取资深业务员和产品营销方面的员工的意见，尽可能做到贴近实际。

### 不容忽视的细节

这里要注意，产品或服务不同，敏感条件也不相同。例如，美容行业对身高并不敏感，财务系统软件对身高、体重不敏感。要具体问题具体分析，不需要面面俱到，或者受到思维惯性的限制。

目标客户分析是销售文案策划的第一步，把分析人物及画像得到的线索，整理成一份关键词列表，这份资料可以很好地让我们找到和目标客户对话的语言、引导方式和说服方法。

## 令产品大卖的三大要素

想让自己的产品大卖吗？想让客户了解了自己的产品之后立即掏钱购买吗？那么下面令产品大卖的三大秘诀不可不知。

### 第一大要素：必须性

找到客户使用你的产品的理由。也就是说，只有拥有你的产品，他们的世界才会变得更美好。人们只有在认同产品必须性的前提下，才有可能对产品保持兴趣。不管你是想将梳子卖给没有头发的人，还是想将一只苹果卖到50万元，首先你的销售思路要从必须性入手，否则人们不会对你的销售信息感兴趣，也不会有人傻到用50万元购买一只苹果。

就像我们在讨论销售文案训练的必须性过程中，笔者一定会非常具体地谈论销售文案对于经营的重要性和必要性，或者在谈论传统企业开拓互联网市场的过程中，一定要让企业了解互联网的发展趋势，强调传统企业一定要做网络营销，这些都是谈论产品必须性时的一个重要的思路。

在分析产品的过程中，首先要分析产品对于客户“一定要”的理由，以及购买你的产品的理由。

当然，仅仅有必须性是不够的，因为这个世界有很多产品都是必需的，但基本上无法销售出去，或者即使能够销售出去，售卖的价格也非常低。比如说饮用水，很多都是免费提供或低价售卖的。再比如说空气，这是人人都必需的，却是免费的。有些产品或服务是我们必须拥有的，但都是免费或者低价就可以获得的。

必须性是解决产品好卖的第一步。解决了客户的必须性，那么就需要第二个秘诀：唯一性。

## 第二大要素：唯一性

如果说只有你拥有空气和水，其他地方都没有，可以想象你会将它们卖到什么价格？

如果没有唯一性，你的产品就体现不出价值，也没有任何冲击力可言。没有唯一性，人们就会四处比价，或者和你讨价还价，这是最可悲的事情。如果我们不能把产品的唯一性找出来，产品一定很难卖出去。经营者必须为自己的产品找到一个唯一性，也就是只有你这里有，其他地方没有。

同样，在销售“魔力成交文案”训练班的过程中，笔者也会强调产品的唯一性，就是告诉很多想要学习销售文案创作的学员：我们是国内唯一的销售文案训练机构，笔者是第一个开展销售文案训练的教练，目前国内没有第二家机构提供这项服务。这就是很多学员不远千里来到武汉向笔者学习销售文案的重要原因之一。

有了必须性和唯一性这两点，客户是否就会立即购买呢？答案是否定的，这里还需要至关重要的一步：紧迫性。

## 第三大要素：紧迫性

许多人得了病，不一定会立即治疗。比如有些胆结石病人，经常右上腹疼痛。就诊之后，医生会告诉他，你最好赶紧做手术，把结石取出来，这样以后就不会发生严重的并发症。

但是你一定知道，很多人是不会立即动手术的，他们会拖延，寻找许多理由拖延动手术，因为手术的痛苦比现在的痛苦要大得多。按道理来说，动手术具有必须性，人们也相信这个医生具有相对的唯一性，但是为什么他们还不马上行动呢？

原因是所有的人都喜欢拖延，也善于作比较。人们习惯立即处理紧急的事情，但不会立即处理重要但不那么紧迫的事情，这是大多数人的一个非常重要的心理特征。

对于紧迫的事情，不管重要不重要，人们在意识里都会认为要赶紧办理。相对重要但并不紧迫的事情，人们更愿意稍微往后拖一拖。如果这个胆结石病人不是疼得满地打滚，他是不会考虑立即做手术的。

要让自己的产品好卖，就要为客户寻找立即行动的理由，也就是紧迫性。

想知道笔者为销售文案训练找了什么紧迫性的理由吗？

第一个紧迫感的理由就是，现在大多数企业放在互联网上的产品销售文案是不具备竞争性的，每投入 1 万元的广告费用，有 70% 左右不产生任何效果，也就是说是浪费掉的，这 70% 的广告费有可能为企业带来巨大的利润。如果还不赶紧行动，将会损失更多。

第二个紧迫感的理由就是，每期的培训价格都会上涨。

以上是两个最为重要的理由，当然还有其他一些理由。当必须性、唯一性、紧迫性这三个条件满足后，很多客户就无法抗拒了。

必须性，让客户知道一定要购买的理由。

唯一性，告诉客户没有其他选择，只有我这里有，别人没有。

紧迫性，让客户知道必须现在立即采取行动。

现在就思考一下,你的产品在销售过程中是否已经拥有这三大要素。在开始创作销售文案时，思考的方向就是从这三点开始。当你完全掌握了前面讲解的知识，创作销售文案就会变得越来越轻松，成交量也会迅速攀升。

## 终极说服模式

现在谈一个非常重要的话题，就是提升说服力的问题。提升说服力是每一个在互联网上做生意的朋友都必须掌握的能力。

不管你是投放广告，还是创作销售文案来销售产品，都必须提升自己的说服力，把自己的产品介绍页面设计得更加具有说服力！

公元前 367 年，亚里士多德前往希腊雅典，成为柏拉图学院的一名学员。这个时候，亚里士多德对很多哲学内容非常感兴趣，也非常推崇柏拉图的一些哲学理念，在柏拉图学院向柏拉图学习了很多知识。

非常可惜的是，亚里士多德拒绝了柏拉图学术上的很多思想成果以及柏拉图的研究领域，更偏向于研究在世俗社会获得幸福的方法，以及如何控制个人情感，利用理性获得幸福。

亚里士多德对逻辑修辞以及政治学这方面的内容非常感兴趣。公元前 350 年，亚里士多德开设了修辞学课程，并向公众免费传授，这个课程将演讲以及写作紧密结合在一起。

在他的理论体系中，亚里士多德提出了三个至关重要的说服力组成要素。

第一个组成要素：有说服力的人一定具备某方面重要的个人特质。

个人特质包括几个方面的内容，首先是气质方面的表现，就是个人展现在受众眼前的是一个什么形象。其次是性格特征，更重要的是个人形象在公众心目中拥有的可信度。

第二个组成要素：需要具备自我情绪。

说服他人，需要用情绪和情感影响对方，否则很难影响他人，这是很重要的一点。前面谈到的人性控制秘诀中，有一个要素是情绪和情感，当时就强调了情感对销售文案创作的重要性。实际上，不管是说服型文案，还是引导型文案，都是利用销售文案去影响对方的情感情绪，然后促成购买。

第三个组成要素：逻辑方面的思考。

要说服一个人，至少在逻辑上要有合理的推理。这里介绍的一个十分关键的终极说服模式，就是一套完整的说服一个人接受观点的流程。

这个说服模式很久以前一直被人们运用，到现在为止，还在很多领域得到广泛的应用。比如销售文案、电视广告以及很多会议营销的销售流程，都是按照这个步骤进行的。

为了方便理解这个终极说服模式，先看一则欧莱雅男士控油劲朗保湿露的广告词。

酷热天气和压力，让皮肤暗沉出油，

不要担心。

全新欧莱雅男士控油劲朗保湿露，清爽保湿质地，

含矿物锌，有效减少多余油脂，维生素Cg，

明亮肤色，皮肤持久不泛油光。

油光问题不再，皮肤更明亮，持久不泛油光。

男士控油劲朗保湿露，来自巴黎欧莱雅。

你的皮肤由你掌控，你值得拥有！

看完这则广告，是否对其中的说服逻辑产生了一点儿认识？

其实整个说服过程只有五个步骤：

第一个步骤：诱因。

第二个步骤：困境。

第三个步骤：方案。

第四个步骤：好处。

第五个步骤：行动。

下面来分解整个说服模式，看看这个广告是如何运用这五个步骤的。

诱因：酷热的天气和气压。

困境：皮肤暗沉出油。

方案：使用全新欧莱雅男士控油劲朗保湿露。

好处：使油光问题不再，皮肤更明亮，持久不泛油光。

行动：你的皮肤由你掌控，你值得拥有。

这套说服逻辑一直都在广告领域被很多广告公司运用。由刘亦菲担任主角的卡尼尔面膜，同样在使用这套说服逻辑。

这样的面膜，你还在用吗？不贴合，难渗透，易滴落。
看看卡尼尔新时代面膜！
全新卡尼尔水润凝护面膜，
就像你的第二层肌肤，紧密贴合每寸轮廓，
一滴不漏，层层推进。冰川雪水和植萃精华，
超贴合，超渗透，肌肤超水润。
全新卡尼尔面膜，
快来试试吧！谁在呵护我？卡尼尔！

从这则广告也可以看出来，终极说服模式可以运用在很多广告和销售领域。

你也可以将该说服模式运用在自己的销售文案写作中，创作一篇销售文案，说服客户接受你的产品。你也可以用在自己的微信平台推送中，当然还有其他很多领域都可以运用。

打开凤凰网、新浪网首页，很多广告都是用一个单页面方式销售产品。仔细阅读广告你会发现，销售广告页的策划人员基本都是按照这五个步骤来展开的。

现在打开一则榨油机的网页广告，看看它是如何利用终极说服模式来设计说服型广告文案的。

第一部分描述现状：你一定吃过地沟油、水油、口水油、假油、毒油、过期油，肯定家家户户都吃过这种油。

第二部分告诉人们面对的困境和痛苦：描述这种油是致癌的杀手，吃多了对身体有百害而无一利。这种油无孔不入，充斥着大大小小的超市，甚至在大型超市里也可以买到这种油。

接下来，在第三部分提出解决方案：好油，要吃到好油，必须自己去榨。自己榨油，最好自己家里有一台榨油机，然后描述榨油机。

第四步描述好处，榨油机有几大好处。

功效一：营养非常丰富，而且营养保留得非常完整。

功效二：小分子油带走大分子油和坏油。

功效三：拒绝三高，吃出健康。

然后紧接着再来描述这个榨油机的十大优势。

描述完好处之后，要求别人立即行动：现在立即购买，还有优惠套装可以赠送给您，还有赠品赠送给您！

这就是整个广告页的设计思路。事实上，很多互联网销售广告，都是以这套说服模式进行设计的。

广告学中有一个公式，称为 AIDA 法则。AIDA 法则要求首先抓住注意力，第二步引发兴趣，第三步激发欲望，最后促使别人行动。

这四个步骤同样是创作销售文案的重点。

终极说服模式和 AIDA 法则有一个重大的区别，区别在于终极说服模式是告诉人们怎么去做，而 AIDA 法则是要求达成什么样的效果，这是两种方法最根本的区别。

笔者指导学员如何创作销售文案的过程中，发现按照 AIDA 法则来讲解，很多人会产生疑问：怎么去抓住注意力，怎样引发别人的兴趣，如何激发别人的欲望……有时候，以 AIDA 法则这种模式指导学员，会引发很多实际创作的问题。

终极说服模式很简单，就是五个步骤，而且告诉大家如何一步一步去做。销售文案发布出来之后，再按照 AIDA 法则来检验销售文案的效果。由此可见，终极说服模式是更根本的创作思路。

在如何提升自己的销售文案创作能力，以及如何在互联网上提升自己的销售文案创意能力时，可以从这一点轻松入手。

接下来，笔者要告诉大家一个更具威力的创作公式，这个公式是建立在终极说服模式基础上的一些实用策略和手法。掌握这些内容之后，可以创作出更有效的引导型文案，令客户急迫地想要拥有你的产品并且快速购买。

# 魔力成交流程

如果说终极说服模式是思路，那么魔力成交流程就是重要技巧，它能够帮助你创作出足够吸引人、直指人心、令人立即购买的销售文案。

这套流程笔者从长时间的互联网项目运作、销售文案创作以及训练过程中总结出来。对于销售文案的创作，每位销售文案大师都有自己擅长的流程，这套魔力成交流程在总结众多大师创作流程的基础上，整合出一套适合互联网市场环境的系统流程。

## 第一步：抓住注意力

注意力是成交过程中的核心要素。只有抓住注意力，才有可能产生成交。否则，再好的广告文案和销售文案都不可能进入到成交环节，也就是说，再好的产品也无法卖出去。

## 第二步：导入情绪

人都是情绪化的动物，情绪也容易发生变化。不管是高兴，还是愤怒，或者害怕，都有可能将人带入一个特定的心理环境中去。只有让人的心情出现起伏，内心才有可能发生变化，才有可能使购买行为发生改变。这是文案创作中至关重要的一个步骤。

在开始创作销售文案的时候，要先酝酿好情绪，然后将情绪贯穿到整篇销售文案中，融入销售文案的每一个文字、每一句话当中。

要让阅读者能够随着创作者的情绪发生变化，就像一名销售人员敲开客户的大门之前，要先酝酿好自己的情绪一样。谁也不愿意开门后看到一张没有表情的面孔，也不愿意和无法引起共鸣的人面对面啰嗦几十分钟。

## 第三步：挖掘痛点

人们总是拥有许多无法满足的欲望，人性十大驱动力中的每一种驱动力，无时无刻不在驱动人们，促使人们的头脑产生想要获得的八大梦境中的美妙场景。

人的大脑无时无刻不在做梦，设想这样那样的场景。比如，快要结婚的准夫妻，憧憬进入共同构建的爱巢的样子；作为父母，每天会憧憬自己的孩子变得那么优秀，经常得到老师或者学校的认可；老人们幻想能够拥有健康的身体，并且能够长寿。

但是制造出的场景有时效果并不能如愿，甚至产生的效果会非常悲惨。比如有些痛点客户知道，而有些痛点他们现在并不清楚，但潜伏的危害非常大。

创作销售文案，就是要将这个痛点准确无误地传递给消费者。如果他们并不清楚这些痛点的危害，就要有意识地、清楚明了地陈述出来，让消费者了解现状，不管现状多么令人难以接受。

## 第四步：打造冲击力

大多数互联网企业，都会用一些平庸的广告语来表达自己的诉求。95% 的网站或宣传册，都会以“我们是某领域领先的供应商”作为公司的介绍语。其实，这样空洞或者中性的陈述，对于提升销售并没有太大的帮助。

人们大脑的潜意识中，对于无法带来收益的语句是无感的，完全不会接受，因此创作销售文案需要提供更加清晰、有明确对比的信息。独特有效的诉求才能够吸引潜在客户，因为这些诉求强调了差异和对比。

要打动客户的潜意识，就需要提出独特的具有差异化的诉求，也就是上面提出的刺激痛点最为突出的方案，而且该方案与市面上其他的方案相比，有比较清晰的区隔和不同之处。

此外，销售文案带给客户的每一个具体的好处能够清晰地表达，能够强化给客户带来具体的收益，特别是这些好处能够为他们的梦境带来什么样的改变。通过销售文案，这些内容都清晰地传递给了客户。

### 第五步：重塑新现实

具有冲击力的销售文案，还必须有一个能够为客户现状带来改变的现实情景，而且这个情景必须能够在客户的大脑中想象出来，能够令其产生美妙的画面，促使客户产生立即拥有的冲动。

可以思考一下自己购买新手机、新服装，或者报名参加培训课程的整个过程。在你决定掏钱购买的时候，是否因为那个在头脑中浮现的场景，促使你采取了购买行动，说服你掏钱购买？

我们不可能改变客户的想法，但可以帮助客户作决策。重塑新现实，就是帮助客户作决策的最有效方法。

### 第六步：促使立即行动

这是最重要的一步。十分努力地创作出一篇销售文案，最关键的就是让人们采取行动。如果没有行动，那么这篇销售文案就是无效的，甚至是失败的。

## 成交就两个步骤

在整个销售或者营销过程中，你要让产品充满魅惑，吸引人们的视线，刺激他们的欲望。也就是说，你要让牛喝水，不要强按牛头，而是想办法让牛感觉到口渴。

我们的销售称为“心理成交”，也就是诱导客户完成购买。如果这个阶段没有完成，一切说服工作都是徒劳的。魔力成交流程中，前面四个步骤就是在心理上完成成交。

大家可以回忆一下，在逛街的时候，很多商贩不断地吆喝大降价，亏本大甩卖。很多时候只有少量的人进去看看，大多数人对此并不关注。为什么？这里的原因就是降价促销的产品无法激发客户的渴望。这些吆喝的动作是一种劝服，但是在人们内心对产品缺少渴望的时候，再怎么吆喝，也只有少量的人进去观看或购买。

心理成交（诱）：实际上，心理成交是一种引导或者召唤，这种行为能够创造一股强大的吸引力，调动人们的想象力，同时刺激人们的欲望。

人们只有完成心理成交过程之后，才会考虑是否用实际行动与你合作。创作销售文案，实际上大量的精力都是放在完成心理成交这个目标上。

实际成交（劝）：这一过程则是告诉消费者赶紧抓住这次购买机会，现在立即成交。这时的销售文案更像是一种推动力，推动人们往前再走一步。

劝服过程就是给客户提供一个无法抗拒的成交主张，一个购买的理由，一个无法抗拒的理由，令客户无法拒绝，赶紧抓住机会完成购买。

# 第二章

# 抓住注意力

# 创作优秀标题的三大要素

你知道吗？产品销售页面放在客户面前，他要么愿意阅读页面的内容，要么关闭你的销售页面。看与不看，取决于标题是否能够引起他的注意，是否能够激起他的兴趣继续往下看。

一个好的标题，可以很轻松地使你的销售文案回应率增加两到三倍。一个非常好的标题，效果会更佳。

想象一下，突然之间有比原来多两倍、三倍甚至十倍数量的人去阅读你的产品信息，同时你的银行账户数字不断上涨，想象一下这种感觉！实现这一切，需要你制作一个令人叫绝的文案标题。

世界顶尖营销专家杰·亚伯拉罕曾经帮助他的客户作营销策划。他分析了整个营销过程之后，只在这家企业的广告页面基础上修改了一下标题，之后销售额就增长了 19 倍。

这家公司是做贵金属投资的，他们原来在报纸上的广告标题是：

所有的金银投资都可以得到 2/3 的银行融资。

杰·亚伯拉罕稍微修改了一下，改成：

如果黄金售价每盎司 300 美元，现在你只要寄给我们 100 美元，你就可以得到你想要的黄金。

就是这么简单！

要想获得成功，没有什么比标题更重要的了。所有的营销策划都必须让对方注意到你，标题是所有营销材料获得成功的第一步。

关于标题的力量，大卫·奥格威也曾经强调过这一点。

一般说来，阅读标题的人数是阅读广告正文内容的人数的五倍。除非你的标题能够将产品销售出去，否则的话，你百分之九十的钱都等于浪费掉了。

著名文案撰稿人维克多·斯瓦布在《如何写一个好广告》一书中也说过：

一些失败的广告，它们的内文其实是很有说服力的，但是没有提炼出一个好的标题。因此，虽然主体文案很精彩，但根本没有人去阅读它。

直复式营销导师泰勒·尼古拉斯对此总结道：

数百次的实验结果表明：一则好的标题，其发挥的作用可能是一则普通标题的十七倍，而二者的主体内容是完全一样的。

进入移动互联网时代，资讯已经爆棚。每个人每天都会从手机、电视、电脑、公共汽车、地铁看到大量的资讯和内容，所以很多人根本无暇关注你推送的产品信息。很多人用微信订阅了大量的公众号，但是能让自己想到并且去关注的，只有非常非常少的几个。

在移动互联网时代，销售文案要想取得好的关注效果，我们要思考也是必须要做的，就是下面三个步骤。

第一步：考虑如何抓住人们的注意力。

第二步：引起对方的好奇心。

第三步：激发人们继续看下去的欲望。

你的标题必须具备以上三个特点，才有可能让你的客户关注到你的产品，这是客户购买你的产品的前提条件。

只有抓住人们的注意力，才有可能产生销售，否则一切都免谈。那么如何抓住人们的注意力呢？首先必须研究一下人的大脑机制。

# 学会“控制”大脑的注意力

接下来，我们要讨论如何控制人的注意力，让人们立即被你的文字吸引，并且非常渴望知道你的文字后面到底有什么内容，让人们非常期待你将要和他说些什么。

也就是说，当人们浏览网站，阅读微信的时候，能够立即被你的文案内容所吸引，同时产生关注。

现在大多数销售文案，都是非常直接地介绍自己的产品，大量描述自己产品的好处，想让人们立即接受自己的产品。但当人们打开这样的页面之后，大多数人的第一反应都是在第一时间把页面关闭，然后继续浏览其他页面。

可以这样分析，这样的网站页面，只能对十分精准的人群产生效力。也就是说，有一群非常渴望拥有该产品的人，这样的销售页面推送到他们面前才会有效，问题是这样的人群非常非常少。

要想赚更多的钱，就必须把那些还没有太多兴趣，或者有兴趣但还没有急迫想要购买产品的人抓住并促使成交。反过来说，这样也就意味着会丢掉大量不是那么急迫购买产品的客户，因为没有针对他们设计的销售文案。

首先来看一下这些浏览网页的客户，当他们打开网页页面时，他们的反应是什么。

实际上，这些人是以一种固定思维模式去浏览互联网页面的，他们在内心已经明确自己想要寻找的内容，然后不断地浏览页面，不断地关闭页面。找到自己感兴趣的页面，他们才会看一下。

这种行为实际上是一种机械的反应。就像我们每天固定的时间起床，每天朝着一个目标出发，每天在固定的时间吃饭、娱乐、休息，每种活动都具有固定的思维轨迹。

如果你可以登上一座高楼，静静地往下看一段时间，就会发现地面上的人非常有意思。下面的人走路或慢或快，要么忙于自己的事情，要么漫不经心地走动，不知道在做什么，这就是人们的日常状态。

人不喜欢勤奋地思考。就算思考，也是局限在一定的范围内，在自己设定好的方向去思考要解决的问题，没有谁的大脑可以非常活跃地思考任何问题。

人的大脑每天要接触到不少于三十万条信息，如果每条信息都要大脑来处理，那么大脑将会死机。大脑的潜意识能够将生活中接触到的信息进行条理化、规范化处理，这样大脑才可以得到休息。

其实从某种程度上来说，人就像是一个机器人一样，具有很强的机械性。在这种情况下，我们如何获得人们的注意呢？

答案很简单，就是打破这种机械性反应，让大脑立即离开当下固定的思维轨道，或者固定的思维模式。在这种情况下，人们的注意力就会迅速被吸引，进入另外一种全神贯注的状态。这种状态我们称之为“催眠”状态。

如何让人们的注意力进入到一种特定的情景当中，我们需要了解一些催眠的知识。

## 你不知道的催眠状态

首先，让我们简单了解一下催眠，理清平时人们对催眠的一些误解。

提到催眠，许多人就会想到电视上播出的一些催眠表演的画面。如催眠师用一个怀表在观众面前晃来晃去，嘴里念念有词，那位观众就睡着了。

又如，催眠师用一些神奇的手法，让一个人的身体变得像铁板一般僵硬，可以把他放在两只椅子上，中间悬空，甚至可以承受大于自己体重的人站在身体悬空的位置，保持一动不动。

这样的催眠术称为“舞台式催眠”或“表演式催眠”，并不是这里介绍的重点，我们要介绍的是“交谈式催眠”。

交谈式催眠即通过文字或者交谈使对方进入一种更容易接受你的影响的状态，同时你可以组织你的语言，使你的说辞更有吸引力与推动力。

一般来说，催眠状态是进入一种注意力集中的、更容易接受意见的状态，而不是让你睡觉。

我们在生活中也经常使自己或他人进入不同程度的催眠状态。比如，当一个孩子在玩电脑游戏时，他的精神高度集中，妈妈喊他吃饭他也听不到。这时，他就进入了一种催眠状态。

广告商经常利用人们可以随时进入催眠状态的现象来进行广告推广，比如用亮丽的色彩、动感的画面、热力四射的明星吸引人们的注意力，然后在广告中重复他们的广告词，这样，人们在不知不觉中就记住了这个品牌的产品。

当然，很少有人因为看了广告而立刻购买某一款产品。但是，当观众面临选择的时候，比如到超市购买洗发水，如果有几个品牌的产品摆放在一起，一般顾客都会选择比较熟悉的品牌——因为他们在电视广告里看到过这种产品，这时催眠作用的效果就显示出来了。

催眠状态有不同的程度。

（1）轻度催眠。比如看一本书，听一段故事，享受温水澡时，我们的注意力会临时集中在这些事情上，进入一种入神或轻松的催眠状态。

（2）中度催眠。比如上面谈到的小孩子全神贯注地玩游戏，或者一个人沉湎于一段开心的往事，一名学生聚精会神地做一份试卷，或者一位业务员拿到年终奖后想象如何与妻儿过一个好年，这时，他们的精神非常集中，甚至没有注意到周围的事物。中度催眠有时也会产生幻觉或想象，我们称之为不视而见或视而不见。

（3）深度催眠。进入深度催眠时，你甚至不会记得自己做过些什么。在大型手术中，有时医生会运用这样的催眠作为辅助性的麻醉手段。上面提到的让人的身体变得像铁板一样僵硬的表演，就是达到了这种深度催眠状态。

当然，销售工作不需要达到深度催眠状态，销售人员主要是在轻度或中度催眠状态中与客户进行沟通。这时客户是清醒的，他们知道自己在做什么、想什么，同时他们也变得更乐意听你说出你的看法，内心不会有太多的抗拒，这样销售工作就会变得畅通有效。

## 必须打破心理平衡

克劳德·霍普金斯曾经为桂格燕麦公司创意制作了一则有名的广告，这则广告流传很久，使用的广告语是："枪里射出来的食品。"这句广告词使爆米花和膨化小麦成为早餐食品里最赚钱的产品，这句广告语也成了有史以来最成功的谷类广告。

克劳德·霍普金斯曾经接受桂格燕麦公司总裁克劳威尔先生的邀请，到他们公司参观生产流程。膨化谷物这种产品的发明者安德森教授，向他解释了这些产品是怎么生产出来的：把大米加热到一定温度之后，用木质的枪把它们喷射出来，大米就会在冷空气中爆裂，这样就打破了大米坚硬的外壳，使大米膨胀到正常大小的八倍左右。

图 2-1　克劳德·霍普金斯为桂格燕麦创作的广告

这句广告词刚推出来的时候，受到了不少人的抨击，认为这句广告词太愚蠢。但是事实证明，这个策略极其吸引人，它引起了家庭主妇们强烈的好奇心，令产品很快大卖起来。

大家要知道，当人们看到四平八稳的信息的时候，大脑是没有任何反应的，这类信息也不会让人产生想象的空间。只有与日常生活相比极为不同的信息，非常反常的信息，才会引起更持久的注意，而且会使人们思绪飘飞，激发无穷的想象力。

已故的伟大广告文案写作大师古德拉赫，对这一现象的总结十分经典。他说：

缺乏美感的事物之所以具有至上的价值，在于我们能够注意到它。走进一个被收拾得干干净净，东西摆放得整整齐齐的屋子，人们的眼睛可能会落在这把或那把摆放在明显位置的椅子上。然而，如果有人将其中一把椅子倒置，进入这个屋子的人一眼便能看到这把倒置的椅子。

同样道理，在广告业，正是那些不规则、不平衡、不和谐的因素，引起了读者极大的注意和兴趣。

创作一个好的销售文案标题，是很多人梦寐以求的事。不少人都认为好的标题需要挖空心思去思考，将创意神秘化。实际上，当你了解了大脑的一些运行机制，你就会掌握这些神秘的抓住注意力的技巧。

## 迅速抓住注意力的八大技巧

设计销售文案并将其投放到客户面前，就像是一个贸然闯入聊天聚会中的陌生人，如何让这群人立即倾听你发表的观点呢？

除了吸引他们的注意力之外，更多的就是要激发他们的好奇心，打开欲望的缺口，这样他们才有可能停下来，然后被你的信息吸引。

读者也是这样。翻阅手机或者浏览网页的过程中，大脑就像是一列高速运行的火车，只有抓住他们的注意力、好奇心和欲望，他们才会停下来听你说话。

这其实就是将人们从一个浅度催眠状态，转移到另外一个我们给设定的催眠状态中来。

快速转移人们注意力的方法，也就是引导催眠的方法，一共有八种。每一种方法都可以快速使人们转移到另外一个催眠状态中，这是一个非常有意思的过程。

迅速打断原有的机械式思维，让人们迅速进入到关注状态（催眠状态）的八大方法如下。

（1）令对方的心情开始放松。（放松）

（2）描述并认同对方现在的内心感受。（共情）

（3）告诉对方一个好消息。（喜悦）

（4）快速向对方大脑输入很多信息，令其失去完整的思维逻辑。（超载）

（5）使对方的思维产生逻辑混乱。（混乱）

（6）让对方感觉十分惊讶。（惊愕）

（7）让对方觉得两个信息悬殊太大。（失衡）

（8）让对方大脑进入停顿状态，形成一片空白。（空白）

为了更好地理解这八种方法，下面来看看世界上最赚钱的销售文案标题是怎么产生的。

## 顶尖的销售文案标题出炉秘诀

让我们一起看一下世界上顶尖的销售文案标题是怎么设计出来的。当我们能够分析出世界上顶尖的销售文案标题写作的一些方法，那么理解之后，我们同样也可以写出这样出色的标题。

顶尖销售文案大师都利用这套方法来创作杰出的标题，让自己的产品大卖。

图 2-2 是盖瑞·亥尔波特（Gary Halbert）1974 年为一本书设计的销售文案，标题为“如何保护你的钱不被谋杀！”

这是一个非常非常棒的标题。我们可以发现，他是利用“惊愕”这种手法来抓住人们的注意力的。标题让人产生了巨大的好奇心，人们会想，书中到底写了些什么？这个标题会令很多人迅速浏览销售文案正文，看看里面到底有什么内容。

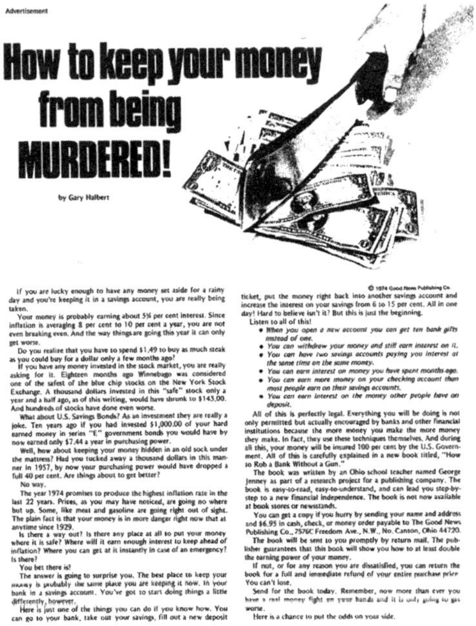

Advertisement

# How to keep your money from being MURDERED!

by Gary Halbert

© 1974 Good News Publishing Co.

If you are lucky enough to have any money set aside for a rainy day and you're keeping it in a savings account, you are really being taken.

Your money is probably earning about 5¼ per cent interest. Since inflation is averaging 8 per cent to 10 per cent a year, you are not even breaking even. And the way things are going this year it can only get worse.

Do you realize that you have to spend $1.49 to buy as much steak as you could buy for a dollar only a few months ago?

If you have any money invested in the stock market, you are really asking for it. Eighteen months ago Winnebago was considered one of the safest of the blue chip stocks on the New York Stock Exchange. A thousand dollars invested in this "safe" stock only a year and a half ago, as of this writing, would have shrunk to $145.00. And hundreds of stocks have done even worse.

What about U.S. Savings Bonds? As an investment they are really a joke. Ten years ago if you had invested $1,000.00 of your hard earned money in series "E" government bonds you would have by now earned only $7.44 a year in purchasing power.

Well, how about keeping your money hidden in an old sock under the mattress? Had you tucked away a thousand dollars in this manner in 1957, by now your purchasing power would have dropped a full 40 per cent. Are things about to get better?

No way.

The year 1974 promises to produce the highest inflation rate in the last 22 years. Prices, as you may have noticed, are going no where but up. Some, like meat and gasoline are going right out of sight. The plain fact is that your money is in more danger right now that at anytime since 1929.

Is there a way out? Is there any place at all to put your money where it is safe? Where will it earn enough interest to keep ahead of inflation? Where you can get at it instantly in case of an emergency? Is there?

You bet there is!

The answer is going to surprise you. The best place to keep your money is probably the same place you are keeping it now. In your bank in a savings account. You've got to start doing things a little differently, however.

Here is just one of the things you can do if you know how. You can go to your bank, take out your savings, fill out a new deposit ticket, put the money right back into another savings account and increase the interest on your savings from 6 to 15 per cent. All in one day! Hard to believe isn't it? But this is just the beginning.

Listen to all of this!

- *When you open a new account you can get ten bank gifts instead of one.*
- *You can withdrew your money and still earn interest on it.*
- *You can have two savings accounts paying you interest at the same time on the same money.*
- *You can earn interest on money you have spent months ago.*
- *You can earn more money on your checking account than most people earn on their savings accounts.*
- *You can earn interest on the money other people have on deposit.*

All of this is perfectly legal. Everything you will be doing is not only permitted but actually encouraged by banks and other financial institutions because the more money you make the more money they make. In fact, they use these techniques themselves. And during all this, your money will be insured 100 per cent by the U.S. Government. All of this is carefully explained in a new book titled, "How to Rob a Bank Without a Gun."

The book was written by an Ohio school teacher named George Jenney as part of a research project for a publishing company. The book is easy-to-read, easy-to-understand, and can lead you step-by-step to a new financial independence. The book is not now available at book stores or newsstands.

You can get a copy if you hurry by sending your name and address and $6.95 in cash, check, or money order payable to The Good News Publishing Co., 7576C Freedom Ave., N.W., No. Canton, Ohio 44720.

The book will be sent to you promptly by return mail. The publisher guarantees that this book will show you how to at least double the earning power of your money.

If not, or for any reason you are dissatisfied, you can return the book for a full and immediate refund of your entire purchase price. You can't lose.

Send for the book today. Remember, now more than ever you have a real money fight on your hands and it is only going to get worse.

Here is a chance to put the odds on your side.

图 2-2 标题案例：“如何保护你的钱不被谋杀！”

盖瑞·亥尔波特在 1974 年为另一本图书设计了销售文案，标题为“如何把箱子上面的标签变成金子！”如图 2-3 所示。

从这个标题来看，可以把箱子的标签变成金子，这是一个典型的利用失衡的手法创作的标题。金子和标签有什么关系呢？大家看到这样的标题，就会感到非常好奇，因为标题已经打破了大脑的机械性反应，让人们迅速进入到一个失衡的状态。

图 2-4 是盖瑞·亥尔波特 1990 年刊登在华尔街日报上的一则销售文案标题。

“6 个惊人秘密”，惊愕 + 超载。面对这样的标题，你的大脑还能保持平静吗？难道你不想知道那 6 个惊人的秘密到底是什么吗？你不想知道顶尖的广告文案专家到底有哪些秘密吗？

把人们的机械性反应打断之后，人们的大脑就像敞开了一般，任由你输入信息给他。在这种情况下，销售也就水到渠成了。

图 2-3 标题案例：“如何把箱子上面的标签变成金子！”

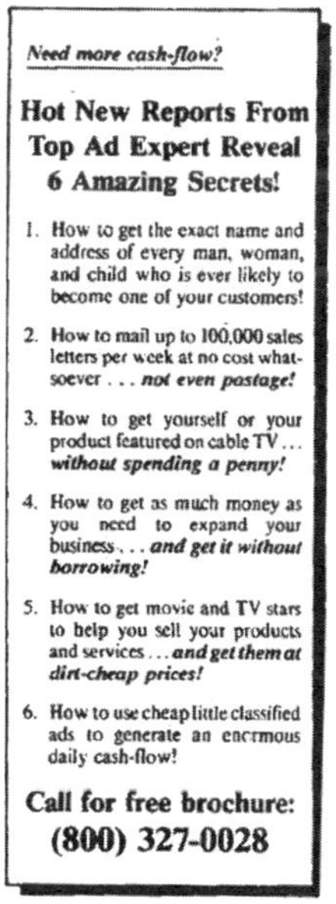


图 2-4　标题案例：“最新报告，顶尖广告专家揭示 6 个惊人秘密！”

图 2-5 是尤金·施瓦茨 1996 年为“未来百万富翁研讨会”设计的销售文案，参加会议的有行销之神杰·亚伯拉罕、传奇文案大师盖瑞·亥尔波特等互联网营销大师。

这个标题的写作手法，是利用喜悦这样一个方法，告诉人们这个男人可以让你变得富有，从而令人感到非常好奇，感到莫名的兴奋，同时急切想要了解文案中到底有哪些技巧可以让人们变得富有。这则标题，就达到了看到标题就一定想了解详细内容的目的。

图 2-5 标题案例：“有一天，这名男子可能使你变成富翁！”

图 2-6 是尤金·施瓦茨 1967 年为美国金融出版社设计的一封销售信函。

“你是否有勇气赚取 50 万美元？”这样一个问句，让人觉得很不可思议，为什么赚 50 万美元还需要勇气呢？这个标题利用失衡的手法，把人们大脑的机械性反应打断，制造一个悬念，让人们保持继续阅读的兴趣。如果标题改成“你可以赚 50 万美元”，效果就会差很多。

图 2-6 标题案例：“你是否有勇气赚取 50 万美元？”

“这本书当中有一个秘密”，这是大卫·奥格威为他的图书撰写的销售文案标题，如图 2-7 所示。

这个标题与前面所有标题的创作方法都不同，标题中运用了人性十大驱动力中的“好奇心”这一驱动力元素。十大驱动力中的每一种动力，都可以驱使人们往前走，这也是创作标题的重要方法。

“食物是你最好的药！”这也是尤金·施瓦茨设计的标题，如图 2-8 所示。

图 2-7 标题案例：“这本书当中有一个秘密”

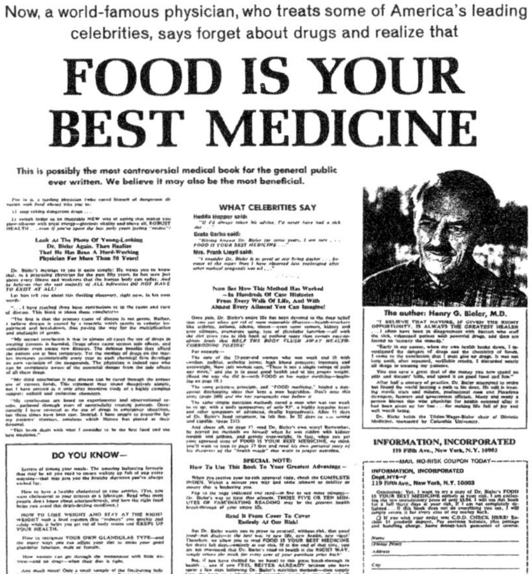


图 2-8 标题案例：“食物是你最好的药！”

食物和药品，在大多数人的脑海中是不相关的。就算在中国有食疗的说法，但是人们脑海中大多并不这样认为。他们认为，药就是药，食物就是食物。这一个标题也是利用失衡的手法，令人们感到好奇，留下悬念，打断机械性反应，吸引读者继续阅读文案的内容。

“10 个方法”，“保护你的孩子”，重点还是在于用超载的手法让读者产生期待，使读者非常想具体地了解一下文案中到底是什么内容，如图 2-9 所示。

图 2-9 标题案例：“10 个方法来保护你的孩子免受万圣节的危害！”

了解了世界销售文案大师们创作的标题以及创作标题的方法，大家会发现，大师们创作的标题都是有规律可循的，而且这种规律你也可以掌握。

所有大师们创作标题的手法，都是从考虑如何打断人们的机械性反应开始的。下面向大家提供 12 个快速创建标题的丹尼尔模板。

# 12 个快速创建标题的丹尼尔模板

标题是销售文案的广告，一则成功的销售文案，有吸引力的标题起到了 80% 以上的作用！好的标题，最重要的一点就是能够激发读者的好奇心。

下面 12 个快速创建标题的方法，经过丹尼尔·肯尼迪长时间的整理和总结，值得大家借鉴和参考。

**（1）他们觉得我做不成 ____________________，但是我最后成功了。**

这是一个欲扬先抑的标题句型，也就是先说反面的情景，再给对方一个出乎意料的结果。

这是一个非常有效的标题。之所以有效，原因有很多，其中很重要的一点，就是每个人的人性里面都包含同情受压迫者的天性。

示例：

当我在钢琴前面坐下来的时候，他们都开始发笑——但是当我开始弹奏的时候，他们就不再笑了！

“她要的是喝彩，得到的却是指责、指点和现金……”

“一件令我尴尬的蠢事成就了我的英语天才……”

点评：从心理层面分析这样的标题，就是利用失衡原理造成前后冲突的效果，引发读者巨大的好奇心。

**（2）还有谁想要 ____________________？**

这也是一种常用的标题创作方法。笔者也非常喜欢使用这样的标题，因为它有很强的暗示作用，也就是说很多人都知道的事情，而读者却不知道。人们都很在意自己不知道的事物，这也是人性十大驱动力中的恐惧心理造成的，恐惧心理能够促使人们产生强烈的行为动机。

示例：

还有谁想要一个影视明星画像？

还有谁每天需要额外的一小时？

还有谁想在 5 秒之内创作一个令人尖叫的标题？

点评：使用这种方法创作标题，能够引发人们的群体效应。

**（3）__________ 是如何使我 __________ 的。**

这个标题是让你现身说法，讲述一个你自己的故事。人们都喜欢听故事，而且对其他人的传奇故事非常热衷。由于人与人之间的差异，以及人类的好奇心，使这个标题的结构看起来很有效！

示例：

一个“傻瓜绝技”是如何使我成为明星销售人员的。

一个简单的点子是如何让我成为公司“年度人物”的。

迁往田纳西州是如何为我们公司每年省下 100 万美元的。

一件令我尴尬的蠢事，成就了我的英语天才……

**（4）你是不是（有没有）____________________？**

这种标题通过提出挑战，激发或引起人们的好奇心，借以吸引人们的注意力。

示例：

你有没有为你的房间发出的气味感到不好意思呢？

你是不是比你的老板更聪明？

对于日本公司对你现在所在行业的冲击，你有没有什么准备？

（5）我是如何 ____________________ 的。

这个标题和“__________ 是如何使我 __________ 的”标题很类似，它也是利用一个人现身说法来引起大家的关注。很明显，最终受益的大小决定了这个标题能不能成功。

示例：

在销售中，我是如何从失败中奋起，进而走向成功的。

我是如何在40岁的时候全身而退——手中握有足以维持下半生生活的财富的。

我是如何将一个问题企业变成我的个人财富的。

（6）如何 ____________________ 。

这是一种既简单又直接的标题结构，并且适用于任何场景。“如何”是你在标题中所能使用的最有力量的词了。同样，这种标题能够激发人们的好奇心！

示例：

如何在一年之内轻松收入百万？

如何召集任何年龄段的保安人员？

如何赢得朋友并且影响他人？

如何提高电话销售的效率——仅需要增加19.95美元？

在该标题的前面加上一个特别的“标记”，一个能够吸引人们注意力的短语，这样标题可以更有力量。

示例：

对于每天都有做不完的工作的打工族，如何舒舒服服做老板？

对于繁忙的医生：如何在很短的时间里指导病人。

对于股票投资者：如何预测股票短期的上涨和下跌。

**（7）如果你是 ________ 的话，你就能 ________ 了。**

这是上面关于“标记”技巧的一种变形，是为了让标题更有针对性。

示例：

如果你是一个不喝酒的人，你就能省下来20%的钱投保寿险了！

如果你的公司使用“临时工”的话，你就要为服务支付1 000美元的费用了。

**（8）________ 的秘诀。**

在这种标题中，“秘诀”一词能起到很大的作用。人们总是很喜欢发掘“秘诀”，不是吗？

示例：

四名冠军高尔夫球手的秘诀

创造令产品大卖的网页的秘诀

**（9）现在有成百上千的人 ________ ，尽管他们 ________ 。**

你看到这个标题的巧妙之处了吗，实际上“成百上千”指的就是读到标题的人，即读者。但我们不直接说是读者，而是通过别人的负面情景来暗示读者的失误，这样做对于吸引读者的注意力显然很有作用。

示例：

现在有成千上万的人玩这种游戏，尽管他们的“手指非常不灵活”。

有200万人的健康和这个观点有关，尽管他们嘲笑这个观点。

您公司里有13 800名成员收到了我们每月寄去的支票，尽管他们曾经一度把这封信扔到了废纸篓里。

**（10）警告：____________________。**

“警告”是一个有力而且非常容易吸引别人注意的字眼，对于那些采用解决问题形式的销售文案总是很有帮助。

示例：

警告：在你看完这篇文章之前，请不要在你的营销上多花一分钱！

警告：在接下来的三年里，你所在行业中三分之二的中级经理将会失业。

警告：你的“公司防火墙”好像是用卫生纸做的——我们有9种方法可以帮助你。

**（11）给我__________，那么我就__________。**

这种结构简化了销售信息的要点：一个承诺。你需要把要做的事情陈列出来，而且如果你的词语简洁明了的话，这将会是你最好的策略。

示例：

给我5天的时间，我就会向你揭示零成本、零风险快速创业的秘诀！

给我一个问7个问题的机会，那么我就可以向你证明，你在广告方面花了多少冤枉钱！

**（12）__________ 种 __________ 的方法。**

这与前面的“如何 __________ ”标题类似，只不过是通过特定的数字吸引读者的注意力。

示例：

12 种撰写成功销售文案的方法

101 种增加新病人前来就诊的方法

17 种大大降低你的设备维修成本的方法

上面这些例子当中，有很多都是来自非常成功的作品、广告、销售信函以及产品手册的经典标题。之所以将它们列举出来，是因为这些标题都建立在大量研究的基础上，值得我们深入地理解并付诸实践。

# 顶尖新闻记者创作标题的绝招

在浏览网页的过程中，或者在手机上浏览内容，大部分内容都会被我们忽略掉，人们都是在电脑或手机上面跳跃式地寻找有吸引力或者感兴趣的内容来观看。选择之所以具有跳跃性，是因为里面有太多的信息想引起人们的注意，同时人们根本没有足够的时间一条一条地仔细阅读。采用选择性的跳跃方式来浏览和阅读信息，是为了更加高效。

当我们在手机上浏览新闻网页时，可以看到所有的新闻都是利用标题来吸引人们阅读的，而阅读量或点击量是评价新闻网站的关键指标。优秀的新闻记者在进行新闻报道的过程中，经常会遇到阅读量方面的挑战，所以他们特别擅长迅速地抓住人们的注意力。

从图 2–10、图 2–11、图 2–12 中可以看到，在凤凰网手机新闻中，新闻记者或者编辑重点推荐的一些标题前面，都有一些特别的字眼，如“惊”“内幕”“惊爆”“免费”“最新研究”等字眼。

这些字眼到底起到什么作用呢？

在移动互联时代，人们不管是浏览杂志、报纸还是网页，都是极速地浏览信息。由于有大量的信息展示在眼前，因此人们无法逐字逐句阅读信息，而是跳跃式地浏览信息。

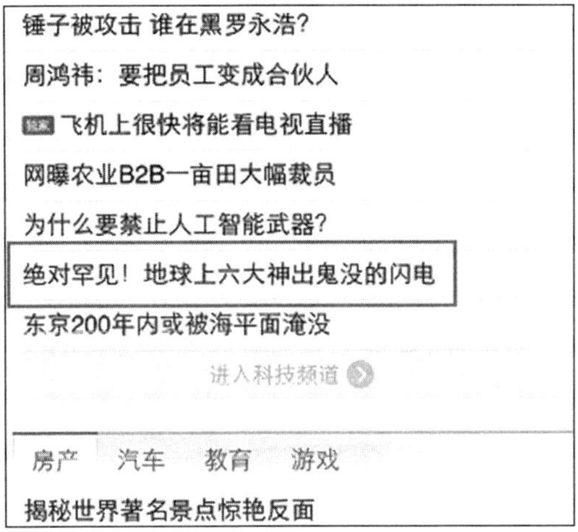


图 2-10　凤凰网手机新闻列表（1）

图 2-11　凤凰网手机新闻列表（2）

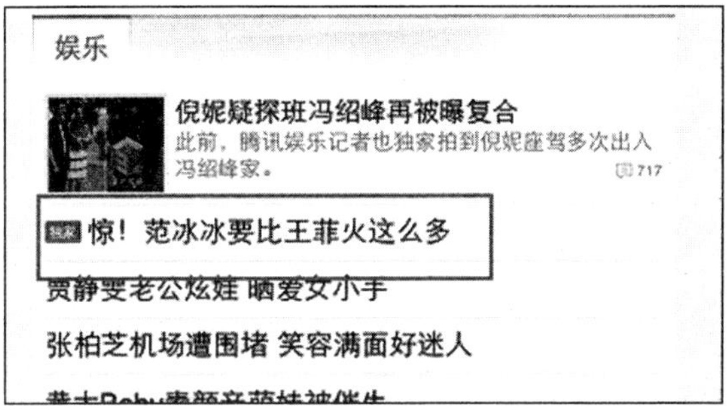


图 2-12　凤凰网手机新闻列表（3）

你现在可以回忆一下，或者拿出手机体验一下浏览网页的行为，一定是像一台扫描器一样扫描一些文章的标题，然后大脑自动地、跳跃性地去寻找感兴趣的信息。

就像在高铁列车上向外观看景物，通常你的大脑不会被外面的所有信息吸引，只有一些特别与众不同的情景，才会吸引你的眼球。抓住人们眼球的那一刹那，仅仅只有 0.8 秒的时间。

能够抓住人们眼球的那些词汇，我们称之为“魔力词汇”。正是这些词汇，在人们高速浏览文字信息的过程中，能够迅速抓住人们那 0.8 秒的注意力，因此这些词汇是设计具有吸引力的标题的杀手锏。

笔者在长期培训销售文案学员和策划销售文案的过程中，整理了大量这样的词汇。

## 迅速抓住人们注意力的魔力词汇

新品、免费、全新、发现、引进、宣布、现在、问世、终于、最近推出、如何、为什么、快速、简单、划算、最后机会、保证、效果、证明、省钱、全新升级、……的秘密、让人惊讶的……、事实上、突破性的、最后、建议、……的事实、安全感、如果……你会……、就在这里、新品上市、一个重要决定、改进、惊人、感动、值得注意、革命性的、令人吃惊的、神奇的、不可思议的、特价、抢购、轻松、简单、强有力、希望、挑战、建议、实情、对比、折扣、赶快、还有……、（权威机构或专家）证实。

宣告、惊人的、令人兴奋的、唯一的、极好的、迷人的、保证、难以置信、更喜欢的、有限的、强大的、非常特别的、成功的、超级的、时髦的、独特的、急切的、精彩的、突破、引起、成功、秘籍、透露、揭开、内幕、真相、疯狂的、赠送、零风险、发誓、快速、简单的、绝对、实现、增加、额外的、强大的。

解决、彻底的、完美、惊天的、不可思议的、增长、额外的、令人震惊的、神秘、如何、奇迹、自动化、吸引力、避免、解除、可怕的、吸引、正宗、美丽的、改善、激动人心的、最好的、拥有、购买、提高、现金、改变、建立、舒适的、迷人的、定制、有效的、详细的、容易、诱人的、爆炸式的、自由的。

事实、最新的、方法、获得、天才、隐藏、巨大的、如果、难以置信的、专家、巧妙的、立即、马上、瞬间、改善、有趣的、收入、为什么、你渴不渴望、不为人知的、充满魅力的、礼物、第一次、想象一下、注意、解决方案、最珍贵的、美好的、特殊的、新发明、停、警告。

# 如何在30秒内创作令人叫绝的标题

要想在极短的时间内创作一个绝佳的标题，很多人可能会觉得十分困难。笔者曾经利用一套有效的公式，在不到30秒的时间内创作出一个令人叫绝的标题。当你掌握了这套公式，你也可以在极短的时间内创作出令人无法拒绝而且可以令产品大卖的标题。

这个标题是：

令人惊讶，一对夫妇出国旅游还可以年入 50 万美金！

当时一个学员做旅游业务，在网络课堂上让笔者帮助设计一个标题。看了文案内容，笔者在现场利用不到 30 秒的时间创作出这个标题。看到这个标题，你是否想继续了解如何达成这个目标？

当时笔者了解了销售文案的内容后，得知一边旅游还可以年入 50 万美金，这本身就是一种可以造成人们心理失衡的事件。旅游和赚取美金，可以说是典型的八大梦境里面的场景，接下来只需要把它描述出来就可以了。“一对夫妇出国旅游还可以年入 50 万美金”，这个标题就这样产生了。

接下来需要挑选一些适合的魔法词汇进行匹配，以便抓住人们的注意力。当笔者打开魔法词汇的页面后，很自然地挑选了“令人惊讶”这个词汇，用它来抓取人们的眼球。和标题引发的心理失衡状态组合在一起，一个绝妙的标题就出现在人们的面前。

整个标题设计的过程，笔者完全是按照一个创作公式来进行的。

**魔法词汇 + 催眠式描述 + 满足欲望的状态**

催眠式描述就是利用放松、共情、喜悦、超载、混乱、惊愕、失衡、空白这八大技巧，来承诺给客户带来利益。

我们可以再看看利用这个公式创作的标题案例。

宣布！任何人都可以在 7 天之内学会吉他，上台演奏并获得雷鸣般的掌声！

这则标题同样也符合魔力标题创作公式，我们来分析一下。

“任何人都可以在 7 天之内学会吉他”，这种情况令人产生失衡的心理状态。因为大多数普通人学习吉他，可能需要几个月甚至更长的时间。这个培训机构利用一种特别的教学方法，7 天之内即可达到这个目标，这样的描述能够迅速吸引人们的注意力。

“上台演奏并获得雷鸣般的掌声”，能够满足人们的虚荣心，同时实现社会认同感这一梦境，从而产生强烈的欲望满足的心理状态。

当人们看到这样的标题时，会产生强烈的好奇心和欲望，想进一步了解具体的内容，原因就在于满足了创作标题的三个条件：抓住人们的注意力，引起对方的好奇心，激发读者看下去的欲望。

我是如何在一夜之间提高我的记忆力的！

这是西雅图著名的安迪生·西蒙先生打出的一则家喻户晓的广告语。大家看了这则广告的标题，难道不被这个标题所吸引，产生进一步了解的欲望吗？

现在来仔细分析这则标题的创作手法。“如何”是魔法词，能够抓住人们的注意力。“一夜之间提高我的记忆力”是利用失衡的手法，打破大脑固有的平衡思维，一下子抓住人们的注意力。提升记忆力是人们梦寐以求的渴望。提升了记忆力就可以提升能力，就意味着可以实现赚更多的钱、学习成绩更好的梦境。

仔细品味这则标题的成功之处和魔力标题创作公式，你将会得到更多的收获。

# 十大经典标题剖析

（1）发现你工资里隐藏的财富！

“隐藏”塑造神秘感，在人们的心理上形成失衡状态。财富是八大梦境之一，能够激起人们的欲望。从分析来看，这个标题能够很容易地抓住工薪一族的兴趣。

（2）医生证实，三分之二的女性皮肤能在 14 天内变得更美！

“证实”这个词汇属于魔法词汇，具有引导性。加上皮肤可以在 14 天内变得更美，令人产生无限向往。这个标题利用了喜悦 + 失衡的典型手法，一下子抓住了客户的注意力。

（3）有谁听说过，一个减肥的女人还能享受一日三餐的美食？

利用减肥需要节食的常规认识，为人们制造心理失衡的状态。既能减肥，又可以一日三餐享受美食的感觉，谁不具有浓厚的兴趣和无限的向往！

（4）还有谁想拥有电影明星般的窈窕身材？

喜悦手法，使用了“还有谁”这样的引导词汇（魔法词），激发普通女士拥有明星般身材的梦想，是非常棒的一个标题。

（5）一个平凡女孩儿变成万人迷的方法！

利用平凡女孩变成万人迷的失衡心理状态，激发心理欲望，梦境描述利用的是八大梦境中的个人魅力元素。

（6）让人喜欢你的秘密。

利用“秘密”一词造成内心失衡。“让人喜欢你”的社会认同感是八大梦境之一，能够激发人们的欲望。配合心理上的失衡，能够打开人们渴望的开关，吸引人们阅读正文。

（7）“看起来愚蠢的绝技”让我成为一个销售明星。

什么是“愚蠢的绝技”？为什么会是“愚蠢的绝技”？这个人是怎么靠着“愚蠢的绝技”成为明星销售员的？

看到这个标题，就算你不是一名销售人员，也会对这个标题感兴趣，因为你想了解其中的奥秘。这则广告投入了大笔广告费，在社会上赢得了广泛关注，最终商家从中获得了巨大的收益。这份文案标题同样利用了失衡的手法，你观察到了吗？

（8）7种最快的方法，让你不吃药也能消除头痛。

“超载”和“失衡”结合运用，是这个标题的典型特征。“7种最快的方法”利用了超载的技巧，可以令人们产生好奇。“不吃药就能消除头痛”，则是利用失衡的技巧，刺激人们产生欲望。两种手法结合在一起，令有头痛烦恼的人无法抗拒地想要进一步去了解。这则广告同样获得了巨大的收益。

（9）如何赢得朋友并影响他人？

这个标题帮助成功学之父戴尔·卡耐基的一本图书畅销数百万册。“赢得朋友并影响他人”，是人们追求的梦境，仅仅加上魔法词，就足以吸引人们的关注。该标题虽然没有使用催眠手法，但利用人性原始驱动力中的好奇心和求知欲，同样能够挑起人们的欲望，获得足够的关注。

（10）最新突破：不用吃任何减肥药物，就可以轻松减肥的食物疗法！

“最新突破”是一个魔法词汇。“不用吃任何减肥药物就可以轻松减肥”，为人们制造了一种失衡的心理状态，能够激发人们的兴趣和欲望，是一个非常不错的标题。

以上介绍了创作顶尖销售文案标题的技巧，这些技巧你掌握了吗？（更多经典标题请参阅附录）

# 第三章

# 导入情绪

# 巧妙控制人的情绪

人是很容易被情绪控制的，甚至可以这样说，人是情绪的奴隶。大家一定听说过“冲动是魔鬼”这句话。冲动是情绪的反应，一旦人的情绪发生变化，很容易做出原来无法做出的事情。情绪在广告宣传和营销过程中经常被用到。

舒肤佳香皂曾经有这样一则广告：

公交车上手臂和别人接触，公园里小朋友玩滑梯，大人抱小孩时脸贴着脸等，都会“染上”细菌。尤其是将人体局部放大的画面，一条条像虫子一样的细菌，谁看了都会胆战心惊。

图 3–1 舒肤佳广告

舒肤佳煞费苦心地找到了消费者内心的“恐惧点”（痛点），并为消费者量身定制了一个解决这个“大问题”的方案，那就是每天洗脸、洗手、洗澡，必须用能杀菌的香皂——舒肤佳。

在这则广告的设计过程中，一开始就导入了一种恐惧的情绪，然后导入消费者内心的“痛点”。

还有一则类似的广告——“新肤螨灵霜”，该品牌广泛运用大众传媒，尤其是电视媒体，极力渲染问题的严重性，尽可能广泛地列举各种螨虫引发的症状和表现，从舆论和心理上营造恐惧氛围，不断刺激顾客的恐慌情绪，之后强迫人们采取措施，即购买产品或服务。

“新肤螨灵霜”广告中耸人听闻地提出螨虫的概念，并广泛列举螨虫传染疾病的多种途径，如夫妻传染、父母传染、母子传染等。此举果然见效，广告一经播出，许多女性立即恐慌起来，纷纷掏钱抢购。

后来，为进一步增强广告的可信度，新肤螨灵霜生产厂家又在促销现场增加了仪器检测手段。显示镜下，果然可以看到让人心悸并且正在蠕动的螨虫。

此举也是巧妙地利用了消费者的恐惧情绪以及渴望健康的需求，成功实施了恐吓营销。利用这一则成功的广告，名不见经传的九鑫集团实现年收入近 4 亿元，获利颇丰。接着，九鑫集团又趁势推出了螨婷香皂等系列产品。

利用情绪控制人们行为的案例非常多。简单来说，一旦人的情绪发生剧烈变化，人们的行为也同样会发生相应的改变，以便平复、稳定自己的情绪。

情绪是自我身心的一种状态，人们趋向于避免产生下列各种情绪：

自卑、嫉妒、忧虑、愤怒、仇恨、懒惰、虚荣、贪婪、恐惧、悲伤、盲从、消极、后悔、自负 / 自满、抱怨、欺骗。

同时，人们也趋向于渴望获得下列各种情绪：

爱、幸福 / 愉悦、健康、美、真诚、成就感、友好、尊重 / 自尊、自信、舒适感、自豪、认同 / 赞许、崇拜、激情、美好未来、善良、独特个性、怀旧。

控制人的行为，让客户产生行动，就要创造条件触发人的情绪变化，从而促使人们内心产生波动。

在这一前提下，与消费者沟通的三个基础步骤就是：

（1）找到目标消费者的情绪弱点以及人们想逃避的负面情绪。要实现这一目标，可以利用人性十大驱动力和八大梦境来进行分析。比如对健康的担忧，对安全性的恐惧（不确定性的恐惧），以及满足虚荣心（恋爱中、聚会场合等），还有对性和个人魅力的自卑情绪（如身高、体重等）。

（2）挖掘客户在这个情绪弱点中呈现的痛苦挣扎场景。

（3）满足消费者的渴望和梦境。通过对消费者情绪的剖析，告诉消费者解决问题的方法，从而引出“正题”——我们的产品就是为你解决问题，满足你的渴望和梦境而来的（让你获得健康、幸福和美丽）！

任何销售过程必须从人的情绪入手，让人的潜意识进入到某个特定的情绪环境中，然后再去调动人们的行动力。比如舒肤佳广告导入恐惧情绪，就是为后面每天洗手要用舒肤佳作铺垫。

最后需要强调的是，导入情绪是一个非常重要的销售过程，人们很容易受到情绪的影响而采取相应的行为。在创作互联网销售文案时，如果人的内心情绪没有发生改变，就很难获得良好的销售效果。

情绪是人们心理活动的重要表现，它产生于人的内心需要是否得到满足。人的情绪在某种程度上还反映了人们对外界事物的态度，从这个意义来说，情绪是人们内心世界的“窗口”。

下面来看一则广告文案，这个广告文案一开始就利用人的情绪，让客户先产生强烈的欲望，从而急于了解下面的内容。

你知道有些人经常说，“钱能够买到幸福吗？”

我可以肯定地说，他从来没有经历过薪水极低、穷途末路的日子，以及每日心态麻木地工作，或者承担无尽的压力，面对堆积如山的账单，背负大量的债务，身无分文的日子。而有些人则可以享受豪华的旅行，在迷人的海滩度假，在奢华的餐馆里就餐，享用豪华轿车接送服务。

你如果经历过这些，就会明白收入和幸福其实是需要齐头并进的！

如果你明白了这一点，那么就证明你现在继续阅读这封信函是正确的抉择……

我们从生到死，都在不断地和金钱作斗争。目前你正在寻找一种方式，努力实现银行账户存款充足和财务自由，这样你就可以拥有多姿多彩、充满自由、快乐写意的生活和人生……

当你看完这则文案之后，内心是否对那种穷途末路的日子产生恐惧的情绪，同时对富人富足、奢华的生活产生愤怒或者渴望的情绪？

导入情绪要在整个文案中贯穿一种心理状态，包括标题设计、引言，再到挖掘痛点，直到最后调整到一种稳定的情绪，这才是导入情绪真正的使用方法和技巧。

> 情绪引发行为，行为产生结果。唯一对销售有效的就是情绪，没有情绪就无法进入潜意识。好的情绪最好，坏的情绪居中，无情绪最差。

# 点亮好莱坞导演大脑中的灯泡

当人们专注于某件事情而努力在互联网上搜索信息的时候，我们可以利用标题吸引客户，然后将产品信息推送到他们的面前。但是，如何才能让人继续往下阅读呢？

抓住人们的注意力之后，客户还可能会随时离开。也就是说，获得注意这个优势非常短暂，一旦错失这个良机，再引起对方的注意，可能性就变得非常渺茫。比如一个客户已经离开产品页面，要在互联网的海洋中再次找到他，几乎没有这种可能，或者需要花费很大的精力和成本，才能再次得到这样的机会。

进入移动互联网时代，客户的头脑非常活跃。商家如何正确地将产品或销售信息切入到人们当前的思绪中，这是一个必须要面对的问题。

就像在聚会中，一堆人相互聊天，或者专注地做某件事情。当你和其中的人打招呼时，人们会注视着你。打完招呼之后，如果没有更好的技巧让人们继续关注你，他们就很可能马上转过头去，继续他们的谈话或者继续做其他的事情。

在洛杉矶好莱坞生活的人，大多都有一个演员梦、导演梦或编剧梦。同一家咖啡厅服务生或者出租车司机聊上几句，就有可能发现他们是一个怀揣编剧梦想到好莱坞打拼的人。如果你有兴趣问一下他们剧本的编写进度，他们有可能很兴奋地告诉你他们的剧本要进入第几幕。

可想而知，好莱坞的大牌导演每天都可能见到很多的编剧，收到很多的剧本。他们不可能每一部剧本都认真地阅读一遍，所以他们会用一个方法来过滤剧本。

当导演约见怀揣编剧梦想的编剧们的时候，他们手头上大多会同时做一些其他的事情，或者闭上眼睛假装休息，懒洋洋地躺在沙发椅上，同时听那些编剧们讲故事。

导演一边做事情，一边听编剧讲故事的时候，如果导演突然停止手头上的工作，或者闭上的眼睛突然睁开，那么这是一个很好的信号，意味着导演大脑中的灯泡被点亮，说明这个故事有能力让一个懒洋洋的头脑醒过来。

如果导演继续听下去，或者坐起身来仔细倾听，或者完全停下手头上的活儿，聚精会神地听你讲述，那么就是导演大脑中那盏灯加大功率的时候。

导演想要的，就是一个能够完全打动他们的故事。只有让导演头脑中的那盏灯一直点亮，编剧们才有被重用的机会。否则将会被这些导演拒之门外，要想下次再有机会就非常困难了。

## 大师绝不告诉你的“引诱”客户的诀窍

笔者在研究世界顶尖销售文案大师们的销售文案的过程中，看过他们很多的案例和课程。

他们在课程中，会谈到很多创作的技巧或者秘诀，但都是关于如何与客户成交，或者如何吸引客户注意力的内容。

笔者在刚开始学习的阶段，一直不太清楚该怎么很好地去写一个开头，这是笔者非常困惑的地方。

有一天，一个经历让笔者豁然开朗，一下子明白了其中的奥妙。一旦掌握了这个方法，你就可以很快地写出世界顶尖销售文案那样的引言，令客户欲罢不能地继续阅读你的销售文案。

那是在很早的时候，笔者去参加一个管理学的课程。在学习的中途，老师提出有谁上台来分享一下自己的想法。笔者当时非常兴奋，踊跃地跑上讲台，想当众将自己的学习心得进行一个精彩的总结。

意想不到的是，在上台的时候，这位老师将话筒递过来的一刹那，轻轻地在笔者胸前推了一把，然后不经意地用力按了一下笔者的肩膀。当时笔者头脑中立即感觉一片空白，不知所措。

接下来，在这位老师问话方式的引导下，笔者将老师想让表达的内容，很符合他的意愿地说了出来。这个过程感觉十分自然，而且看不出一丝控制的痕迹。

这段经历让笔者记忆非常深刻，一直弄不明白那天到底是怎么回事。

直到后来，为了研究销售文案的训练效果，深入学习了催眠心理学后，才知道那是一个很有效的催眠手段。连续几次打断正常的思维，可以令对方很容易地进入催眠状态。在一种恍惚的状态中（中度催眠），人很容易被施术者引导。

在创作销售文案的过程中，商家通常很想“引诱”客户，客户则有意识地避免被商家误导，或者被营销。

作为销售文案的设计者，为了能够吸引客户，就要在客户的头脑中连续安装上“为什么”“怎么了”“如何”等一系列疑问，而且文案对客户的触动越强烈越好。对方的好奇心越强，头脑中的灯泡被点亮的次数就会越多，点亮的强度就会不断增加，对商家而言效果就会越好。

在“引诱”的过程中，如果对方没有连续三次以上“被诱惑”，我们可能就会错失一次成功的机会，此时客户很可能会将注意力转移到其他地方。

在创作销售文案的过程中，标题是第一次“引诱”，第二次和第三次“引诱”就要在引言中完成。

下面的案例利用讲故事的方法，对客户进行了两次吸引。

亲爱的经理人：

3 年前的这个月份，我认识的一位男士——当时仍是伊利诺伊州一间大型企业的副总裁——走进老板的办公室，递出辞呈。

两个星期后，他创办了自己的公司。

写成故事型的销售文案，对读者最有吸引力。

首先，这样的故事会让读者感同身受。写一个能够让读者联想到自身经历或者处境的故事，就等于在读者的需求以及你的销售之间搭起一座桥梁。

其次，一般人更容易接受故事，也喜欢听或看故事。报纸、杂志或电视上看来的新闻，都可以用讲故事的方式传递给人们，故事能够让人们保持兴趣，不至于将销售信函扔到一边。

引言中第一个亮灯的地方，是一个副总裁突然辞职了。此时阅读者头脑中会想，副总裁到底是为什么要突然辞职。第二次亮灯的地方，就是两个星期后，他创办了自己的公司，再次引发人们的好奇。人们想了解他之后做了什么，这样就很轻松地引导到了正文。

接下来的例子是来自成衣邮购商“新纺公司”(New Process Company) 总裁约翰·布莱尔的一封信。

亲爱的杰克先生：

最近我桌上出现了一份便笺，上头写着我必须立刻抬高售价，否则无法应付持续上升的营运成本。

我知道像杰克先生您这样的顾客，希望能在新纺公司买到最物超所值的商品。这就是为什么只要能力所及，我一定会坚守原价……

第一个牢牢抓住读者注意力的是，有人要他立即抬高售价。看到这里，人们头脑中会立即产生兴趣，想知道为什么要他抬高售价。

第二个抓住客户注意力的地方就是，“我将会坚守原价”。这句话将会打开客户大脑中的接收装置，开始阅读下面的信息。现在，你是否也有想继续阅读下去的感觉呢？

再来看一个例子。这个例子，读了开头简直让人欲罢不能，急迫地想了解后面的文字将会描述什么内容。

亲爱的朋友：

在这个世界上，你购买任何东西，是否都想得到一个保障呢？我说的是包括一切！

不管你信不信，你现在就可以获得！

这是文案大师盖瑞·亥尔波特写的一个销售文案的开头。看到了吗，世界顶尖销售文案大师将这套方法运用到炉火纯青的地步。

下面两个例子同样是盖瑞·亥尔波特的作品，仔细地分析，都是按照这套体系创作的。

亲爱的埃佛雷特先生：

如你所见，我在信中附上了 1 美元。

我这样做是有原因的：因为这封信特别重要，为了确定您会阅读整封信，附上 1 美元以吸引您的注意力。

同时，坦率地说，我附上这张钞票还有另外一个原因，这个原因马上就可以告诉您……但是首先……我想告诉您另外一件事儿，这件事必须在我阐述主要内容之前先告诉您！

听好，我知道您住在俄亥俄州的马西隆地区。我从来没有到过那里，而且关于那个地方，我也不甚了解。为此，我查阅了美国地图，注意到这个地方离克利夫兰南部大约有 40 英里。就因为这个原因，使我对俄亥俄州马西隆产生了兴趣。

……

第二个案例同样采用了这套方法。

亲爱的朋友：

你想不想赚大钱？想不想成为百万富翁，甚至是……一位千万富翁？

如果你想的话……而且……如果你离波士顿不远……那么对你来说，现在机会来了。

原因是：三年前，有个死于癌症的人，雇佣一名非常聪明的女孩儿（她的智商达到170）进行了一项调查研究……

在2000年到来之际，在波士顿获取财富的最佳方式是什么？

……

从这些案例中可以看出，大师们都是抢占客户头脑的高手，连续几次的催眠手法设计，让整篇文案变得让人无法不继续阅读下去。

## 销售文案中称呼的奥秘

要创作一封销售信函类型的销售文案，首先需要解决的就是称呼的问题。你一定经常碰到很多销售信函，它们当中大多以“亲爱的朋友”这样的称呼开始。当你看到这样的开头的时候，内心肯定无法产生任何感觉，就相当于没有打招呼一样。

但是，称呼对于销售信而言至关重要，可以说是整个销售文案的重中之重。先看一个笔者自己身边的例子。

### 出色的“音乐家”

我的孩子6岁，正在学钢琴，这是一个非常辛苦的过程。长时间的练习非常辛苦，有时候孩子会变得不太积极，经常需要督促和提醒，才会勉强地去练习一会儿。

当发现孩子出现这样的苗头的时候，强迫孩子去练琴，反而会让孩子失去兴趣，而且也会打击她本来还没有完全失去的信心。

后来笔者给她讲述每一位钢琴家的故事，聆听他们的曲子，同时给孩子描绘钢琴家长大之后的情况。为了帮助孩子确认身份，笔者鼓励和肯定她以后一定能成为一名出色的钢琴家。

经过一段时间的教育，孩子发生了明显的变化，她开始认同钢琴家的价值观和信念，认为成功的人一定是通过刻苦练习才取得这样的成功的。后来，女儿竟然自己会说出“努力和不努力结果是不一样的”这种具有价值判断的话来自我鼓励，并且能够自觉地练习曲子，发生了能力层面的改变和行为上的改变。

同样，当有人称呼你“尊敬的 ×× 老师”的时候，你是否会立即想到作为一位老师的行为准则，或者激起想表达你的观点的欲望呢？

再或者称呼你“亲爱的有前途的老板”，你是不是现在马上会想到如何赚钱和经营企业的念头？

在写作销售文案的过程中，确定了标题，接下来最重要的一步，就是要界定客户的身份，让阅读的人或者观看销售页面的观众，确认自己的身份定位，从而在指定的框架里探讨后面的问题。

亲爱的丈夫：

你知道吗？妇女和我们有很大的不同！

你非常忙，身边的工作堆积如山，每天在办公室里需要处理的烦琐的工作使你的情绪变得很差。你非常疲惫，怎么可能还有时间或精力来考虑“浪漫一下”？

……

这个开头，就是给所有有妻子的男性写的一封销售信函。当看到信函中“亲爱的丈夫”这个称呼，如果你是一个有妻子的男性，是不是马上会想到家中的妻子以及相关的内容呢？

神经语言程序学（NLP）中有一个非常著名的模型，称为“理解层次”，人们的大脑就是按照以下六个层次去处理所有的事情及问题的。一旦大家掌握了以下六个层次，很多问题就会迎刃而解。

环境：外界条件和障碍（时间、地点、人、事、物）。

行为：我们在环境中的运作（做什么，有没有做）。

能力：我可以有哪些不同的选择，我掌握了什么能力，还需要哪些能力（如何做，懂不懂）。

信念：配合这个身份，应该有什么样的信念和价值观（为什么做，有什么意义）。

身份：自己以什么身份去实现人生的意义（我是谁，我要怎样过我这一生）。

精神：自己与整个世界其他系统的关系（人生的意义）。

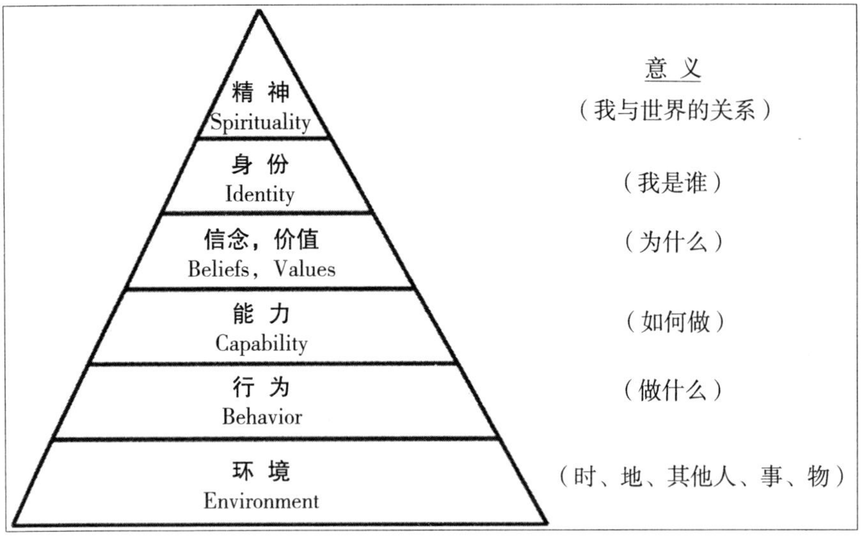


图 3–1 神经语言程序学（NLP）理解层次示意图

一个人对外界事物的判断，或者表现出来的行为，不会脱离这六个层次。平常我们经常接触的，都是前五个层次。

这六个层次的关系是上面的部分控制下面的部分，也就是刚才说到的，如果现在界定你的身份是丈夫，那么你大脑中想到的都是和丈夫相关的价值观和信念。信念和价值观会影响一个人做事情的能力，从而产生不同的行为，促使他们去选择相应的环境。

反过来说，一个人的成长，是从小生长的环境导致的。在某个特定的环境中，他们的行为是与环境匹配的，因此环境影响人们掌握的技能。长期的生活环境，也会让他们建立起自己的价值观和信念。

举例来说，一个商人家的孩子，继续成为商人的可能性要比其他孩子的可能性大无数倍。一位学者家里长大的孩子，同样也会对学习产生浓厚的兴趣，以后成为学者的可能性也会大很多。

他们从小受到家长和环境的影响，导致行为习惯上也会偏向于适合这个环境，能力层面也会不断增强。价值观和信念在此基础上逐步建立起来，会让他们在这个社会上的身份随之定位，他们走入社会的身份角色就可能是一名商人或者学者。

一个人的身份一旦被确定，人的心态也会随之发生相应的改变。比如，我们长期称赞孩子，给予他们积极的身份确定，他们也会根据这种身份去寻找和匹配相应的底层信息。

从人们接触到信息开始，就界定他们的身份，这样可以很容易地引导他们接受你所表达的观点。所以，当你策划一封销售信函类型的销售文案时，请一定正确设定阅读信件的人的身份。

**常用的称呼有：**

◎亲爱的邻居

◎亲爱的同事

◎亲爱的……（比如垂钓者）

◎亲爱的读者

◎亲爱的失意企业家

◎亲爱的丈夫

◎亲爱的客户（亲爱的重要客户）

◎亲爱的市民

◎亲爱的（×× 专业）博士

◎亲爱的计算机用户

◎亲爱的猪场老板

◎亲爱的决策者

◎坐在屏幕前非常潇洒的朋友

◎亲爱的投资者

◎亲爱的读者

## 心理共鸣的力量

创作销售文案，必须深入到人们的内心当中，让人们内心中感受到你说的和他们心里想的完全一样。当你做到这一点的时候，人们内心会产生强烈的认同感，自然而然地就会接受你的观点。

有一位老师担任差班的班主任。开学第一天，他亲切地对同学们说："有人说我们是放牛班、垃圾班，这是没有道理的！就拿体育成绩来说，我们班不但不是垃圾班，而且可以成为优等班！"

短短一席话，使同学们迅速从低落的情绪中振奋起来，抛掉自卑感，建立了信心。为什么这位老师的话会产生如此大的效果？因为他的话语充满了信任和鼓励。更重要的是，这位老师与同学们见面的第一天，就把自己置于这个被人瞧不起的班集体之中。他左一句"我们"，右一句"我们"，让这些内心充满自卑感的学生感受到尊重和温暖。总之，由于心理上的接触和情感上的共鸣，老师的话对学生产生了非常大的鼓舞作用。

所谓“共鸣”，就是你表达的信息与接受的人的内心感受和价值观产生联系。

很多人在销售产品的过程中经常遇到这样的问题，就是在销售产品的时候，客户坐在对面，自己讲了很长一段时间的产品信息，但是客户会冷不丁地说一句话：你刚才说的什么？我没有听懂。

出现这种情况，实际上就是客户和销售人员交谈的时候，两个人不在同一个频道上交流，客户心中想的和销售人员说的不在同一个范畴。

产生这样的问题，主要原因可能有几个方面。

（1）刚开始没有牢牢抓住客户的注意力。

（2）没有与客户形成共鸣。

直接营销大师盖瑞·亥尔波特曾经告诉我们一个引导客户的秘诀：

第一步：先进入别人的世界。

第二步：再带领人们到他们的世界的边缘。

第三步：然后带他进入到我们的世界。

进入别人的世界，首先要了解对方现在的状况，了解他们的喜怒哀乐，并且认同他们的心情和感受。如果不能进入对方的世界，那么要让他们进入我们的世界几乎是不可能的，想引导对方进入你为他设计的销售环境也是无法实现的。

在美国总统竞选过程中，曾经出现过这样一则雏菊广告。

*小女孩在数手中雏菊有多少个花瓣，伴随的画外音是核弹发射倒计时的声音。之后的画面呈现出核弹爆炸产生的蘑菇云，此时响起冷静的画外音：在这样一个时代，我们需要林登·约翰逊做总统。*

这样一则广告，关键不在于它说了什么，而是这则广告给人们留下了丰富的想象空间。

观众很可能会对自己说："老天爷，巴里·哥德华特（另外一位参加总统竞选的候选人）竟然主张使用核武器，说不定真的会搞出这样一个大爆炸呢！"

竞选的结果当然是约翰逊以绝对优势胜出。

这则广告就是利用人们心中的恐惧感，与受众形成强烈的共鸣，从而产生意想不到的广告效果。

# 第四章

# 挖掘痛点

# 痛点从哪里来？

没有人喜欢不了解自己的商家，没有顾客喜欢只顾卖产品自己赚钱的商家，或者试图强行说服自己购买的商家！就像我们看医生，医生没有任何诊断，或者直到诊断结束都不说一句话，直接给你开处方。面对这样的医生，你会是什么样的感觉，你对他开出的药方和治疗效果有多大的信心呢？

同样，在你销售产品的时候，如果你制作的销售文案从来不关注客户的痛点、焦虑以及焦虑的缘由，客户会产生什么样的感觉呢？

在开药方之前，通常来说，医生会和病人耐心地交流，共同找到患者病痛的根源。根据沟通中了解的信息，医生才能下诊断，并把诊断结果解释给患者听。医生会确保患者真正理解并接受诊断的结果，只有这样病人才会放心，才能相信医生所开的药方是可以治疗自己的疾病的，之后才会遵照医嘱吃药或治疗。

花一些时间研究客户的痛点，可以帮助我们获得以下四大好处。

（1）充分了解客户的难处，可以将销售文案设计得更加吸引人。

（2）准确分析痛点，体现自己的专业特长和水平。

（3）建立起专家形象，为后面的成交奠定基础。

（4）与客户在潜意识上建立有价值的信任感。

充分了解和领悟人性十大驱动力和八大梦境，可以很容易地分析出客户目前的痛点。一般来说，痛点来自人们追求梦境的过程中无法达成梦境的心理痛苦或特定表现的场景。

比如人们很喜欢看电视，所以都想坐在沙发上慵懒地观赏。一回到家里，大家就恨不得立即拿起遥控器，看看前面落下的连续剧，放松一下心情。但是现在怎么也找不到遥控器，不知道昨天随手扔在哪里了。这样的情况经常发生，实在是让人非常懊恼！

从这个场景可以看出，人们追求梦境（享受生活）的过程中遇到了障碍，这个“寻找遥控器”的障碍非常麻烦。后来小米出了一款电视机，通过蓝牙功能，利用电视机上的按键让遥控器发声，以方便人们快速找到遥控器，无障碍地享受电视节目的乐趣，这就是一个利用痛点开发产品的案例。

达美乐比萨是有关独特销售主张（USP）的一个经典案例。达美乐在服务中做出了“30 分钟快热送”的承诺，就是在 30 分钟内将热的比萨送到顾客的家中。这个 USP 让达美乐比萨从一间小型比萨店，变成了一家全球连锁机构。该公司寻找到的 USP，得益于准确分析客户的痛点。正因为这个痛点，让达美乐能够击败众多的竞争对手。

那么达美乐客户最大的痛点是什么呢？是比萨的味道吗，还是外卖的递送速度（美国居民叫外卖的人数非常多）？

经过长时间的调查，达美乐发现客户首要的痛点，是他们不知道叫了外卖后何时能送到手中带来的焦虑感。掌握了这个重要信息，达美乐提出了这个价值几百万美元，很成功也很著名的口号——“30 分钟送达，否则免费”。

这个案例就是因为商家解除了人们内心想快速实现很满足地吃到热比萨的焦虑，由此可以看出，分析痛点其实就是这么简单。

（1）找出客户期望获得的梦境。

（2）客户现在在哪个节点出现了障碍。

（3）这个障碍给客户内心造成了什么样的心理感受（焦虑、痛苦、烦躁）。

# 撕裂伤口

推销灭火器的时候，先从放一把火开始。

——大卫·奥格威 英国广告专家、奥美广告公司创始人

大卫·奥格威这句话很形象地描述出一般广告人创作广告的手法，不过从服务的角度来说，必须清楚以下几点。

（1）大多数人意识不到表面问题引发的后果，他们不清楚这些痛苦经常发生会对他们的生活产生什么样的影响，或者存在什么样的隐患。这是一个很严重的问题，他们可能很想知道，只是没有人告诉他们而已，我们必须将这个问题全面地讲解清楚。

（2）我们有责任和义务提醒、告知我们的客户，因为作为商家来说，就是帮助客户实现他们梦境的，就像医生是帮助病人获得健康的。作为医生，有义务将病情的发展情况告诉患者。作为商家，有义务和必要告诉顾客，现在出现的问题以后可能导致什么样的结果，或者更加清晰地描述出现有的问题。

（3）这样更有利于促进销售，这也是最重要的一点。商家获得很多的销售，就有更多的利润去服务更多的客户，这样才能去帮助更多的人。

下面这个内容的描述，相信很多人看了以后，会对毛巾产生强烈的恐惧感，从而想获得解决的方案。

毛巾上有大量的细菌伤害你的皮肤。由于毛巾经常处于潮湿状态，每天会滋生500万个以上的细菌与微生物来破坏你的皮肤。当你在显微镜下观察的时候，你会发现这些怪物长得奇丑无比，比蜘蛛、蜈蚣还恐怖。它们张牙舞爪地向你示威，一旦接触你的皮肤，就像发了疯似地钻进你的毛孔，开始一系列的破坏性行动，疯狂地撕咬

你健康水灵的细胞，让它们变得血肉模糊，并且在你的毛孔里排出大量的粪便，让你的毛孔一再粗大、变黑甚至变皱！

更可恨的是，就算你经常晾晒自己的毛巾，也不能完全杀死它们。只要有一个细菌，一晚上就能裂变成好几百万个，而且它们会在你的毛巾上排下粪便。一条用了一周的毛巾，表面三分之二都是这些怪物的尸体和排泄物。也就是说，你每天都在把这些肮脏的东西涂在脸上，你能想象这是多么恐怖的事情吗？

这就是从日常生活中经常使用的毛巾以及上面滋生的细菌来撕裂大众的伤口，使人们感到极大的恐惧。

## 痛点与行动成正比

痛点的强度对于成交是非常关键的因素，因为大家都不想为一个无关痛痒的问题浪费时间。当你分析客户痛点的时候，应当知道如何衡量痛点的强度。低强度的痛点通常反映在购买过程中的低参与度或低紧急程度上，如果客户的急迫程度不够，那么就很难说服客户去寻找解决方案。

还有很多时候，客户认为痛点很强，但是急迫程度不是那么迫切，我们就有义务帮助客户认识到这一点。就像一个胆结石病人，右上腹部经常会疼痛，但是如果没有疼到躺在地上打滚儿的程度，一般来说，要让他立即做手术，病人的内在动力是不强的。

作为一位有责任感的医生，需要从病症的发展和预后等方面告知病人，胆石症病人如果不马上采取相应的措施，就有可能发展出更严重的病症来。

# 第五章

# 打造冲击力

# 提出无懈可击的方案

当人们阅读了你的销售文案，知道现在自己所处的处境和痛点，内心充满了不安的情绪以及对痛点的感触，这时急切需要得到一套能够快捷、安全、简单地修复痛点、满足内心欲望的方法。就像一个病人现在已经检查出了问题，你告诉他病情的严重性之后，他急需得到治疗一样。现在客户需要的是能够极速解决痛点的方法，而且越快越好，因此一套极具冲击力的方案描述将可能快速俘获客户的内心。

在人们解决自己痛苦的过程中，他们想要的是解决方案，而不是产品。我们举一个例子，如果你是经营五金产品的，客户来到你的店铺购买电动钉锤，你是想给他介绍最贵的，还是最便宜的，亦或是介绍性价比最高的？

其实，这三种答案都是错误的！

我们要分析客户，了解他需要解决什么样的问题。虽然顾客提出购买电动钉锤，但并不一定真正需要购买这个电动钉锤，他有可能买回去只是钻一个洞，然后再钉上一枚钉子，以便挂上一幅漂亮的照片。

所以，最终的答案是他并不需要购买电动钉锤，而是那个挂东西的需求。面对客户的真正需求，你就可以有针对性地设计一套方案提供给对方，其中包括你经营的产品。你可以很轻松地将客户的问题解决掉，同时你的产品也很轻易地就卖出去了。

道理很明显，人们不需要产品，而是需要解决方案。

有这样一个故事。

一个乡下年轻人到一家规模很大的超级商场应聘。商场老板问其有无从业经验，年轻人说他曾在乡下做过一段时间的推销员。商场老板不以为然，认为在乡下也推销不了什么高价值的产品，但他准备给这个年轻人一个机会，就先试用他一段时间。

在商场下班前，老板来到年轻人身边，想了解一下年轻人这一天的工作情况怎么样。

老板问道："你今天做成了几单生意？"

"一单。"

"就一单？你工作了一天就做成一单生意！"老板说道，"营业额是多少？"

"一千多万元吧。"年轻人回答道。

"什么？"老板不相信地问道，"你都卖了些什么？"

"我向一位顾客卖了几个鱼钩后，又向他推销了几根与鱼钩相配的钓鱼竿，然后又让他买了全套的钓鱼用具。再后来，我告诉他到大海钓鱼才是最好的享受，所以又卖给他一艘小型豪华游艇。他的汽车拉不了这个游艇，我就又动员他购买了一辆汽车。"

"就是一个想买几个鱼钩的顾客，你就卖了这么多的商品？"老板吃惊地问。

"不，"年轻人说，"其实他是来给他妻子买卫生巾的。我顺便和他说，'老兄，看来你这个周末算是毁了，你为什么不去钓鱼呢？'"

故事很有意思，道理却很简单。小伙子可以对一个前来购买卫生巾的顾客，将一系列其他产品销售给对方，就是因为他真正抓住了客户的困惑，然后根据客户的需求和问题设计销售方案，植入自己的产品，然后销售出去。

要让客户心甘情愿地买单，就要为客户量身定制一套方案。打造无懈可击的销售方案仅需要四个步骤。

第一步：重塑客户解决问题的观念。

第二步：提出客户无法拒绝的解决问题的思路。

第三步：帮助客户找到最好的选择。

第四步：将产品植入到整套方案当中。

例如，一位中年人最近身体不好，总是感觉浑身乏力。经过诊断，医生一定会告诉他保养身体的重要性，同时告诉他要保持心情乐观开朗，保证合理膳食，维持适当的运动，戒烟戒酒，然后配合服用一些调理身体的药物。经过这样的诊治，这位中年人可能就会心满意足地拿着处方去付款了。

一定要将方案植入到客户的大脑，只有这样，客户才有选择产品的可能。

## 犀利的诉求点

如果你想给客户的大脑潜意识传送一个产品，你告诉客户太多的产品好处，是无法立即撬开客户大脑的。在这种情况下，一个犀利的诉求点，将是最有力的武器。

一个犀利的诉求点，是与竞争对手对比后最清晰的事实依据。

当我们告诉客户"我们是一家领先的销售文案培训机构"时，这个诉求完全没有办法给客户的潜意识留下任何印象，因为根本没有提供对比。如果说"我们是国内现在仅有的一家销售文案培训机构"，一下子就会让客户留下深刻的印象。

在创作销售文案的过程中，诉求点是提供给客户的有关产品的一句话，而且这句话可以非常精准地刺中客户内心最想拥有的渴望。

例如，"不闪的，才是健康的（创维电视）！""方便谁都做得到，声音清晰更重要（TCL 美之声无绳电话）”……

这些诉求点，可以把它们放在广告语中，也可以放在销售文案最显眼的地方，用来打动消费者，让产品在激烈的市场竞争中占有一席之地。

“怕上火，喝王老吉。”这样短短的一句话，把商家想要表达的“王老吉是预防上火的饮料”这个诉求点全部说出来了，这句话非常符合王老吉的品牌定位。此前，王老吉的广告语是“健康家庭，永远相伴”，这种过于空泛的广告语，对于提升产品销量基本上没有什么效果，这也与其原来的产品定位过于泛化有关。

在这方面，宝洁公司的几个洗发水品牌广告就做得非常好。比如海飞丝的广告语“头屑去无踪，秀发更出众”“去头屑，让你靠得更近”，就将海飞丝洗发水的定位——企业主张的独特卖点（USP）——“去头屑”，明确地传达出来了。

飘柔广告语“亮丽、自然、光泽”，则与“柔顺头发”的卖点定位一致。潘婷广告语“独含 VB5，滋养你的秀发”，与“营养头发”的卖点定位一致。

更多的例子如下。

新一代的选择。（百事可乐）
想想还是小的好。（大众甲壳虫汽车）
想做就做。（耐克）
好吃看得见。（康师傅）

优秀广告语中的诉求点，总是让人回味无穷，如下面几个案例。

钻石恒久远，一颗永留传。（戴比尔斯钻饰）
滴滴香浓，意犹未尽。（麦斯韦尔咖啡）
只溶在口，不溶在手。（M&M 巧克力）

根据市场状况，可以在销售的任何阶段塑造诉求点。

（1）引导大众价值观阶段。

钻石恒久远，一颗永流传。（戴比尔斯钻饰）

今年过年不收礼，收礼就收脑白金。（脑白金保健品）

怕上火，就喝王老吉。（王老吉凉茶）

学琴的孩子不会变坏。（三叶钢琴）

科技让你更轻松。（恒基伟业）

戴博士伦，舒服极了。（博士伦隐形眼镜）

在引导大众价值观阶段，可以塑造诉求点来影响人们的选择。

（2）传递企业信念、影响客户潜意识阶段。

想做就做。（耐克）

好东西要和好朋友分享。（麦斯韦尔咖啡）

成功自有非凡处。（碧桂园地产）

要做就做最好。（步步高复读机）

一呼天下应。（润迅传呼）

世界品质，一脉相承。（广州本田汽车）

选品质，选雀巢。（雀巢系列产品）

越了解宽带，越信赖网络快车。（中国电信网络快车）

来自上海通用汽车。（上海通用汽车）

我只在乎你真正的满意。（中国联通）

全心全意小天鹅。（小天鹅）

我们一直在努力。（爱多）

为顾客创造价值。（TCL 公司）

大家好，才是真的好。（广州好迪）

（3）传播产品的独特卖点（USP）：根据产品与其他竞品的不

同之处，以产品特征塑造诉求，以利益吸引消费者。

消除细菌，爱心妈妈的选择。（舒肤佳、P&G 系列产品）
安全与耐用。（VOLVO 汽车）
想想还是小的好。（大众甲壳虫汽车）
给孩子最安全的乘车空间。（喜力三门车：面向有小孩的小家庭）

（4）竞争角度，从差异化找到诉求点。

非可乐。（七喜汽水）
我们是老二。（美国 Avis 出租车公司）
方便谁都做得到，声音清晰更重要。（TCL 美之声无绳电话）
善意的提醒：畅饮诸葛酿，认准江口醇。（江口醇诸葛酿酒）
你该用大功率电池了。（TCL 高能电池）

（5）梦境描述：从心理诉求上强调产品带来的利益，也是吸引消费者注意的一种方式。特别是同质化的产品，当难于找到该产品的独特卖点时，这种方法非常有效。

丹麦蓝罐曲奇，送礼体面过人。（丹麦蓝罐曲奇）
金利来，男人的世界。（金利来）
甜蜜如拥抱。（阿尔卑斯牛奶糖）

（6）好的感受：诉求产品给人带来的感受。

挡不住的感觉。（可口可乐）
味道好极了。（雀巢咖啡）
滴滴香浓，意犹未尽。（麦斯维尔咖啡）
牛奶香浓，丝般感受。（德芙巧克力）

（7）消费者定位：直接告诉消费者自己的定位，引起目标人群的关注。

新一代的选择。（百事可乐）

男士的选择。（乔士衬衫）

（8）吸引人注意（炒作）：以一些新奇独特的角度或手法，突出广告的差异性，引起受众的注意。

新飞广告做得好，不如新飞冰箱好。（新飞冰箱）

（9）解决方案阶段的诉求点：通过对解决方案概念的挖掘或创造某些概念，形成一种价值观，引导消费者的观念。

好麦片，七成浮上面。（皇室麦片）

不闪的，才是健康的。（创维健康电视）

（10）号召行动阶段：通过煽动性语气影响受众。

一起来生力！（生力啤酒）

喝杯青酒，交个朋友。（贵州青酒）

加把劲，伙计！（万基洋参）

当然，提炼诉求点的角度还有很多。大多数时候，需要综合考虑以上各种角度来分析诉求点，在创作中不断修正，这样才能挖掘、创造出更优秀的诉求点。

当客户决定购买的时候，总会首先考虑到投入和收益之间的比较，因此，通过无可争辩的方式展示投入获得的收益至关重要。收益可以定义为解决方案带来的价值减去投入成本。如果客户感觉无法从你的解决方案中得到预期中的收益，他们可能不会做出购买的决定。

创作销售文案，要挖掘客户痛点并找到解决方案的最犀利之处，并以此建立明确的诉求点，然后去刺中客户内心的渴望点。

诉求点应当能解决客户的主要痛点，并能够最大程度地促进他们购买。

可以在成交的每一个阶段塑造诉求点，同时找到整个成交链条中最能打动客户的诉求点，以及与竞争对手有最大区隔的诉求点。

## 独特的销售主张

提出一个明晰、独特的销售主张（Unique Selling Proposition），可以让客户非常明确地做出选择。建立自己生意的独特销售主张，是当今成功企业最重要的市场策略，不管企业规模大小！一个独一无二的销售主张，能够帮助企业迅速在市场竞争中获得胜利。

“独特的销售主张”这个概念最早是由罗素·里维在他的著作《广告的现实》中提出来的，它的作用在于让客户能够清晰地了解为什么要购买商家的产品。比如，当沃尔玛提出“天天低价”这一口号的时候，就很清晰地传达出了和其他超市的区别，让客户清楚地知道，在沃尔玛每天都可以买到低价的商品。

联邦快递在刚开始运营的时候，运营费用开支空前庞大，而且定价比美国邮政贵两倍。开业第一天，联邦快递的预算是运送 80 个包裹，但当天他们只运送了 8 个包裹，而且其中还有 5 个是他们自己企业的包裹！

联邦快递最初的宣传语是：联邦速递做得到，因为我们有自己的飞机！有自己的飞机，这和其他快递公司没有什么太大的区别，因此市场对这样的广告语没有任何反应。

后来联邦快递重新设计销售主张：24 小时内送到，联邦速递一定做到！通过这个独特的销售主张，联邦快递赢得了明显的竞争优势，而且风光至今。

达美乐比萨饼由两兄弟创办，他们创办这桩生意的目的是想赚点钱交学费上大学。由于一开始生意不佳，财务出现困难，其中一位兄弟很快就退出了，并且还拿走了他的那份出资。剩下的一位，成功地将事业推向前进，最后成为百万富翁，并且引发了快餐行业的一场重大变革。

达美乐比萨饼的成功秘诀，就在于提出了一个独特的销售主张："热腾腾的比萨 30 分钟内送到，否则免费。"

达美乐是第一个做比萨饼外卖的吗？不是！但他是第一个做出如此郑重承诺的企业。想不到，这个承诺改写了比萨饼行业的历史。

当初笔者在运营销售文案培训的过程中，并没有太大的优势，因为市场中已经有一些机构在经营这类生意。不过，其他机构仅仅是凭经营者的经验教授创作销售信函，没有将销售文案的设计创作系统化，而笔者在这方面做得比较深入。但在刚开始运营的时候，还是非常艰难，市场开拓也非常困难，因为知名度和客户认可度都不够。

经过市场调研，笔者发现互联网上提供销售文案培训的机构，几乎都是以经营者自己的经验来指导学员，学员们听的时候感觉收获很大，但是培训结束之后，还是原地踏步，创作不出任何有影响力的销售文案。

分析比较之后，笔者基于自己在销售文案培训方面的优势，大胆提出"国内首个销售文案教练，三天掌握销售文案，否则退费"这样的独特销售主张，一下子就被广大客户接受。经过几年的努力，现在已经在国内销售文案培训市场中拥有一片广阔的空间，短时间内无人能超越。

农夫山泉刚进入市场的时候，同样面临大量瓶装水品牌的竞争，比如乐百氏矿泉水、统一纯净水、康师傅矿泉水，等等。面对残酷的市场竞争，农夫山泉当时提出了弱碱性水的主张，但与其他品牌的竞争一直处于胶着状态，市场拼杀非常艰难。

后来农夫山泉提出“农夫山泉有点甜”“我们是大自然的搬运工”等销售主张，迅速甩掉了其他的竞争对手，一度成为市场的领军者。

白加黑感冒药同样也是利用独特的销售主张，实现了快速切入细分市场的目标。他们提出“治疗感冒，黑白分明。白天服白片，不瞌睡；晚上服黑片，睡得香”这一独特销售主张，很快获得了极大的成功。

其实厂家只是把感冒药分成白片和黑片，并把感冒药中的镇静剂“扑尔敏”放在黑片中，其他什么也没做。

这种做法不仅在产品的外观上与竞争品牌形成很大的差别，更重要的是它与消费者的梦境紧密地结合在一起，让客户立即知道产品给自己带来的好处。

那么如何设计一个好的独特的销售主张呢？

当我们要吸引客户，区隔竞争对手，让客户选择我们的产品和服务的时候，首先必须回答客户内心一个非常重要的问题：“为什么要选择你的企业、产品或服务，而不是其他竞争对手的？”

一个强有力的独特销售主张，具有以下三个重要的因素。

（1）每一个产品都必须对消费者拥有一个销售主张（Proposition）。

（2）这一销售主张必须是竞争对手无法也不能提出的，必须具有独特性和唯一性。

（3）这一销售主张必须具有强大的吸引力，足以影响上百万的社会公众，让人们期待并主动拥有产品。

独特销售主张的设计必须涵盖以上三个部分，并且每一则销售文案必须向消费者提供一个销售主张，让消费者明白购买产品或服务可以获得什么具体的利益。

强调的销售主张必须是竞争对手做不到或无法提供的，必须明确说出其独特之处，在品牌和用语方面是独一无二的，强调“人无我有”的唯一性。

强调的销售主张还必须是强有力的，必须聚焦在一个点上，用一个点打动、感动和吸引消费者购买相应的产品。

在确定独特销售主张的时候，要不遗余力地去寻找和分析。如果没有找到客户选择我们的理由，将令客户轻易地弃我们而去。要么在产品本身寻找差异，要么调整产品策略，制造产品差异。实在无法找到差异，那么最好展现产品另外有吸引力的一面。

没有找到独特的销售主张，就贸然大力去做推广，那么推广就会变成吸血鬼，最终吸干传播资源的血。

在建立和传递独特的销售主张的时候，要把这一销售主张清楚明确地表达出来，要触动人心，尽量用具体明确的语句，摒弃抽象的语言。确定了独特的销售主张之后，尽量用一句简洁的话把它表达出来，这句话要像晶体那样透明，有压力感，有冲击力。

寻找到精准的独特销售主张，是确保生意成功的关键。最好能将独特的销售主张清晰明确地表达出来。如果不能清晰明确地表达出来，你的潜在顾客就看不到它们。顾客任何时候购买你的产品或服务，你的独特销售主张都要直击顾客的内心。

通过广告推广清晰地传达你的独特卖点。毫无疑问，这样做会使你的生意走向成功，但是你必须将你的独特销售主张表达清楚。

你是否已经领会，当你有一个强大的独特销售主张之后，你会得到什么好处？这里笔者进一步向你解释。

你的独特销售主张是一个最强大、最重要的驱动力，驱使你的生意不断地向上攀升，你的顾客不断地增加！

## 打造独特卖点第一步：终极优势

当人们与你做生意时，有什么具体的好处是他们无法从你的竞争对手那里得到的？独特销售主张是其中最基本和最重要的组成部分，也就是向客户强调你的产品或服务最明显的一个优势或特点。

这个优势或特点是竞争对手不具备或无法提供的，它们至少在一个方面能够明确区分你的产品或服务。

1873年，在内华达州里诺市，有一位名叫雅各布·戴维斯的裁缝。他总是很认真、很耐心地倾听顾客的需求，这些顾客多半是前来淘金的矿工。有一天，一个失意的矿工向他抱怨道，工作裤的口袋总是一再破损，简直让人无法容忍。听到顾客的抱怨后，他突然灵光一闪，为什么不用铜铆钉加固一下裤子口袋呢，裤子的拉链上也可以钉上铜铆钉，这样就解决了工作裤口袋和拉链经常损坏的问题。他的这个创意受到了当地矿工的欢迎，他也因此生意兴隆。

戴维斯担心，这个创意很容易实现，如果有人抄袭他的创意怎么办？为了保持竞争优势，他需要资金扩大市场份额。后来他接触了最可能的潜在合作伙伴、著名制衣商李维斯·施特劳斯。李维斯·施特劳斯近20年来专门为劳动阶层提供衣服，施特劳斯认可他的这个创意，并同意与他合作。随后，戴维斯建议李维斯先注册商标，他们共同拥有商标。李维斯对此想法很有热情，立即申请了专利，并于1873年5月20日获得批准。

李维斯知道铆钉裤（牛仔裤的旧称）的市场需求巨大，所以李维斯带雅各布·戴维斯来到旧金山，监督第一家西岸制造工厂生产这种铆钉裤。最初，戴维斯切割蓝色的牛仔布，交付给个人裁缝制作。但这种进度不可能维持巨大的市场需求，最后发展到弗里蒙特工厂和街道小厂都在生产铆钉裤。

李维斯铆钉裤的简单铜铆钉不仅成为产品的最终优势，由于受到专利法的保护，所有其他服装制造商不能复制这一革命性的成果。1908年专利保护到期后，接下来的35年，李维斯品牌仍然以“强硬男子的工作服装”著称，加上棉布的改进大大增强了舒适感，这是牛仔服引领后来穿着时尚的一个重要原因。

看了这个故事，你能为你的产品发现“铜铆钉”吗！

在设计产品和服务时，许多经营者费尽心血想超越竞争对手。在互联网商业领域，你与来自世界各地的企业竞争，为什么人们要购买你的产品？你能为客户提供什么利益而使你的产品更加出众？换句话说，你的客户从你这儿能够得到什么好处，相反从竞争对手那里却得不到。

下面提供一些独特销售主张方面的案例和思路，目的是为大家提出自己的独特销售主张提供思考的方向。案例中提出的独特销售主张，使一些企业成为当今令人称道的成功典范。

（1）客户服务：“3分钟内出炉，否则免费”，或者“30分钟内保证送货，否则免费”。

（2）质量：“只采用有机植物原料”，或者“只采用最新鲜的原材料”。

（3）技术：“我们有核心技术的微波炉”，或者“特别煮食方法”。

（4）专门性：“18种特别中草药和香料制成”，或者“中药秘方”。

（5）产品：自身独特性。

（6）方便：“分店遍布全市”，或者“有大量停车位”。

（7）快速反应：用速度和标准让顾客满意。

（8）审美：创造一个愉悦的环境。

（9）信息沟通：免费热线电话800，让你拥有完美的客户服务。

（10）贴身服务：“小更好”，也可以说“服务更贴近”。

（11）精确：“选用顶级原料精制而成”。

（12）外观：“更大份三明治”，或者“更厚比萨饼”。

（13）分销能力：“每个城区都有分销商”，或者“新鲜牛奶，当天运到”。

（14）信用：“70年老店”，或者“员工从业经验总共168年”。

（15）资格：“我们的厨师全部在法国培训”，或者“1995 年最佳厨师大奖”。

（16）价格：“最低价再打折”，或者“我们的价格无人能敌”。

（17）附加价值：“送咖啡”，或者“看电影送套餐”。

（18）免风险：“100% 无理由退款”，或者“新鲜出炉，否则免费”。

（19）员工：“全部经过专业培训”，或者“拥有资格证书”。

（20）系统：“准时定标，保证供应”。

（21）范围：“有 68 种不同产品类型供选择”。

（22）时间：“准时，否则免费”。

（23）唯一：“独家经销”。

（24）罕有：“只供应持证顾客”。

（25）简单：“轻松容易就可做到”。

（26）灵活性：“各种颜色，各种型号，任君选购”。

（27）规模：“拥有 ×× 级（级别）资格的批发商”。

（28）打消顾客的不满：“快而易”。

（29）免除顾客顾虑：“身份绝对保密”。

（30）安全：“经实验，VOLVO 是最安全的汽车”。

## 打造独特销售主张第二步：轰动效应

当你没有压倒性的优势与你的竞争对手进行区隔时，那么你就需要制造轰动效应。

你有没有看到过在很多卖场推销刀具的推销员？

首先，他会现场演示他的刀具有多锋利，甚至用刀具切割皮革和铁丝。看到这样的场景，你可能会想：“这样的刀具得多少钱一把？可能至少需要 120 元吧？”然后，他向你展示鱼片刀，他用这把刀切断番茄皮。还有小土豆切片机，白色的土豆被切成像手风琴键一样整齐的土豆片。然后还有一种特殊的榨汁机。别急，还有一把好用的削皮刀！你内心可能会不断地问："这么多产品，到底得需要多少钱呀？"

在你快要等得不耐烦的时候，销售员才会煞有介事地告诉你："只要 99 元，你就可以把这些全部都拿走！"

别急，还有更精彩的。如果你现在买下来，他还会另外送给你一把刀具。"你只要出 99 元，就可以把这些都拿回家！"很多人都会被这样的超级优惠打动，纷纷掏钱购买这样的套装。

每个人都喜欢交易，喜欢讨价还价，喜欢更大的折扣。打包销售会使顾客觉得更划算，当然，你需要找出一种方法对你的产品进行组合，并且让它们看起来很优惠。这种打包优惠销售的方法，是一种无敌的营销策略。

下面提供一些首次将产品或服务推向市场时制造轰动效应的参考思路。

◎延长保修期。

◎折扣券。

◎一份免费的特别报告。

◎一套视频资料、免费的书籍或其他有价值的信息。

◎你的网站上的免费广告条。

这样做的目的，是奖励那些采取购买行动的客户，使每一次购物都成为一次令人惊讶的愉快经历。但是，不能仅限于此，在前端要给顾客讨价还价的机会。你应该留出足够的折让空间，让他们能够议价，这样会使他们的每次购物经历都能获得奖励，产生喜悦、惊奇的感觉。

这就是利用无法抗拒的提议来加强成交的威力。

## 打造独特销售主张第三步：强大的承诺

有了独特的卖点，可以撇开竞争对手。制造出轰动效应，可以让顾客无法抗拒地选择你的产品。提出强大的承诺，则会让你的客户勇往直前，冲向你的店铺购买你的产品。

什么是你的强大非凡的承诺？

如果你是经营减肥产品的，你能做出什么样的承诺？比如，在多长的时间内减掉多少重量，并且永远不反弹。然后，重新设计你的产品或服务，使你能够兑现这一承诺。

你想知道用什么方法能够迅速获得人们的信任吗？那就是提出一个明确无误、毫无疑问的保证！

一桩交易已经是板上钉钉的事，但是只提供一个明确无误的、毫无疑问的保证，这样只是能够获得客户的信任，这还不够，你还需要一个强有力的承诺使你的保证得到增强。

你看，保证本身就是强有力的。但是，当你在保证上连接强大的承诺，就增强了保证，并且赋予了保证活力，表明你能让产品或服务真正做到你所保证的，这一承诺则提高了你的产品的独特性。

例如酒店客房服务，任何酒店都可以保证迅速提供餐饮，但万豪酒店更进一步：“在30分钟内提供用餐，否则它是免费的。”

这是一个武装到牙齿的承诺！它能够增强和提升万豪酒店独特销售主张的可信性和影响力。

# 强有力的FBD产品描述

下面是一个非常有意思的场景，很多企业在介绍产品的时候，经常会遇到这种情况。

潜在客户和企业之间的对话存在巨大的鸿沟，每个人都说相同的内容，客户的理解却相差甚远。

企业主："我的产品是喷墨式打印机，其中的一个特点是它有多个墨水盒。"

潜在客户："关键点儿，对我有什么好处？！"（急切地询问）

企业主："对你的好处是节省大笔钱，因为当一种颜色的墨水用完后，你不需要更换整个墨盒。"

潜在客户："挺好……我现在的打印机，就因为墨水花了一大笔钱。"

企业主："这个打印机有一个可以装 500 页纸的托盘。"

潜在客户："关键点儿，对我有什么好处？"（生气，露出厌恶的表情）

企业主："你不用经常添加打印纸。大多数其他打印机的装纸量只有它的一半。"

潜在客户："我的打印机好像就是这样，经常添纸很麻烦。"

企业主："它还拥有超高速的草稿模式，这是一个新功能。"

潜在客户："关键点儿，对我有什么好处？"

企业主："你能节省大量墨水费用，因为超高速草稿模式使用的墨水量，比其他打印机能够节省 50%。"

上面这个例子说明，很多企业在介绍产品的时候，过多地强调自己产品的一些看得见的特点，但是往往忽略介绍产品给客户带来的好处。

客户要努力思考产品的这些特点是否能够为顾客带来好处，以及带来多大的好处，这会造成巨大的理解困难，或者说理解延迟。

## 从特色到功效到梦境

描述每一种产品或服务，只有具备了以上三个要素，才能被客户理解。你可能很熟悉其中的两项，比如商品或服务的"特色 + 性能"

以及“功效”，这是创作销售文案过程中必须努力分析的内容，也是必须牢记于心、倒背如流的基本事项。除此之外，你还缺少一个最为重要的描述，那就是“梦境”这个选项。

当你在介绍产品的时候，是否遇到过这样的情景：客户瞪大双眼看着你，双眼充满了茫然。

将这样的销售文案放在互联网上，客户很可能会直接略过文字性的产品描述部分，直接看下面的定价。如果是这样的话，那么整篇销售文案就完全失败了。

人们在接收信息的过程中，都会将信息进行处理，然后通过感觉系统将接收到的信息在大脑中进行想象。只有你描述的信息被客户理解并且感觉很真实，他们才会认为你的产品是他们需要的。

你可以回忆一下自己购买衣服时的心理状态，你一定会想象穿着这件衣服的效果，想象自己穿着这件衣服出现在人们面前时，别人对整体穿着效果和自己的形象如何评价。

你的客户同样也会这样想。不管是小件商品，还是面对企业的大型设备，都是如此。决策者大脑中，都会想象购买和使用时的场景，以及由此带来的心理上的满足感！

但是，大多数时候，卖家和买家双方都在相互猜谜语。卖家仅仅介绍产品的功能和特性，充其量再介绍一些好处。买家想象场景，然后再去理解功能和特性。进行这样的一场竞猜“对抗赛”，成交自然会比较低。

只有当你描述的信息能够引导客户不断地想象他心目中的场景的时候，客户的思考才会停止。只有充满想象，欲望才会极速膨胀。

人们是用场景来展开想象的，一个场景顶得上一千句话。一旦你的描述栩栩如生，在读者头脑中形成一个清晰的场景，那么要比你说一千句话更有效果，读者会利用自己丰富的想象力来完善这个场景。

FBD 描述法的作用，就是逐步在读者心中描绘出这个场景，就像用彩色的画笔一样，在客户的大脑中画出一幅世界绘画大师都无法画出的美妙场景。

F 指属性和功效（Feature 或 Fact），又称为特性，即产品有哪些特点和属性。具体指商品所有可以感觉到的物理的、化学的、生物的、经济的等方面的特征，可以用一系列指标、标准等予以表示和说明。例如原料构成、成分构成、数量、质量、规格、构造、功能、性能、外观、款式、色泽、味道、包装、品牌、送货、安装、用途等。

任何一种商品，都有其方方面面的特点和特征。作为销售员，应该对这些特点和特征熟稔于心，至少要将主要经营的产品或者产品的主要特点熟记在心。

例如，“××牌奶粉，产自新西兰，添加了 DHA”，这些文字说明可以让客户了解这是一种什么样的产品或者服务。

B 指可以给客户带来的利益和价值（Benefit），回答这个产品或者服务能够做什么，它的优点或特点能给顾客带来哪些利益。

例如，“更加天然、安全、无污染，营养成分更高”。

D 指给客户实现的梦境（Dream）。场景描述，也就是产品的特性和好处，即可以帮助客户实现什么场景。这是很重要的一步，场景描述可以将客户带入到想象的场景中去。

例如，“令你的宝宝比同龄孩子更健康，更加聪明”。

FBD 描述法，着重让客户理解产品在客户想象的场景中能够为客户带来的实实在在的好处，并让其展开想象力，激发客户的拥有欲望。

简化变成：

具备什么——特性

能够做些什么——好处

意味着哪些改变——梦境

例 1：

具备与遍布美国 46 个州、全球 20 个国家的 2700 家房地产商、20 家搬运公司以及 400 家专业顾问公司的联盟关系，此外还具有价格优惠的旅游行程规划、电脑化的各级学校培训、新居家具装饰各式服务（这就是产品或服务的特色和性能）。

能够提供迅速且完整的服务，一次解决你的员工和他们的家庭搬迁定居前前后后、大大小小的所有事情，所需的费用比起你使用房地产中介公司、搬家公司等个别服务要经济得多。员工可以省去许多麻烦，得到家人更多的支持，公司也可以提升员工工作气势与生产力（这就是产品与服务的好处）。

购买和使用这项服务，意味着可以让身为老板或主管的你在调派员工的时候有更多的弹性，更少的顾虑，同时还能借此树立你的权威与声望（这就是梦境）。

例 2：

具备一个精密的声音分析电脑芯片。

能够辨识并回应经过认可的声音。

意味着使用这项产品可以更加安全，而且你再也不用担心因为忘带或丢了钥匙而被关在门外。

## FBD 和 FAB 的差别

笔者在研究销售文案的过程中，发现了 FBD 方法的威力，那就是它几乎可以立即激发人们的行动。

在传统的销售理论体系中，有一个和 FBD 法则非常接近的 FAB 法则，即特性（Feature）、作用（Advantage）和益处（Benefit）。

FBD 方法和 FAB 方法最大的区别在于，FBD 能够激发人们的想象力，而不是谈到益处就停止。人们在接收信息的过程中，想象力是被动的。如果利用引导语言无法迅速将客户带进特定的场景中，并且客户无法产生无限的想象，那么行动力也就无法加速，这就是FBD的优势所在。

## 洞穿欲望的子弹头

在介绍产品的过程中，特别是一些虚拟产品，比如视频DVD、书籍、现场课程，无法将产品的好处和特性完整地介绍出来，这些产品的好处和特性必须等客户拿到书籍、光盘，或者现场参加课程才能完整地了解，因此通常会将产品特性或者即将得到的好处罗列出来进行介绍。

因为好处很多，进行列表排列，每一个好处都可以击穿人们内心最深处的欲望，因此在销售文案领域形象地称之为“子弹头”。

子弹头的特点就是隐藏产品特性的详细介绍，制造神秘感，刺激客户内心的欲望，令看到子弹头的客户欲罢不能，极度想了解产品的内幕。

下面是一些极具诱惑力的子弹头。

◎告诉你掌控人性密码的钥匙，像魔术师一样去影响人的行为决策。

◎告诉你如何进入到客户的内心世界，犹如X光机一样扫描客户内心的想法。

◎三个步骤让你打造令客户极度渴望拥有的产品的秘诀，击败竞争对手！

◎教你打造出产品令人无法抗拒的冲击力，令客户无条件地接受你的产品。

◎人们因为观念而产生购买欲望。如果不认为你的产品重要，那么再好的产品人们都不会购买。这里将告诉大家三个改变人们观念的绝招。

◎如何在5秒钟内设计出一个令人尖叫的标题，让你的客户迅速被吸引，极度渴望了解你的产品。

◎如何巧妙地设计销售文案的开头，让客户迷恋上你的正文内容和产品信息。

◎ 5个让你的产品卖出超高价的塑造产品价值的策略。

◎如何避免客户阅读产品信息过程中注意力分散的问题，引导客户、推动客户向成交迈进的说服技巧。

◎如何让你的销售文案变得更加具有吸引力，激发客户全面了解你的产品全部信息的欲望。

子弹头可以迅速激发兴趣，刺激欲望，形成冲击力。下面来看看销售文案大师盖瑞·亥尔波特是如何制造子弹头的。

盖瑞创作的最成功的销售文案，内容简单到就是“标题 + 引言 + 子弹头 + 行动说明”，这样就能让人们看了之后立即掏钱购买。

下面是盖瑞·亥尔波特为一本书创作子弹头的分析过程。

书中说：

买家经常问，房子在市场上销售多久了？当发现在市场上已经展售很长一段时间时，他们就闻到了血腥味。很多买家甚至会想，房子究竟出什么问题了，为什么一直没有卖出去。

还有另外一种想法，就是通过投标来试一下，看看这个房子是不是值那个价位。他们为什么不能这么做呢？因此，卖家不能再像以前那样要那么高的价位……如果你的房子已经在市场上待售很长一段时间，就要停止销售，撤离市场几天。然后重新把它放回到市场，这样就能理直气壮地说是刚刚出售……

子弹头描述：

**如何在市场上更快地售出你的房子！**

书中内容：

那些来看你房子的经纪人，实际上是想要拿你的房子和列表上的其他房子做对比。他们是很有经验的，他们知道很少有卖家清楚房产的实际价值。

因此，与其冒着得罪你和失去竞争的危险，倒不如说你想听的，而不是告诉你房产的实际价值。

一旦经纪人得到了房子的担保权之后，他就会通过几个月的努力，逐渐地让你一次又一次地降价，直到最后把房子卖掉。

子弹头描述：

**一个房产经纪人永远不希望你知道的肮脏秘密！**

书中内容：

假设你的室内设计师已经把你的家设计成像个人艺术展一样，如果你计划住在那里，那是非常好的。可是如果你打算卖掉，不要期望能卖个好价钱。与其过多地装饰或者装修，不如让潜在客户按他们自己的品味去设计。

子弹头描述：

**给你的房子装修，为什么会降低它的价值！**

书中内容：

如今90%的业主都有一种可怕的错误的经营思想，这会浪费他们很多的时间和金钱。我把这种错误称为“时间谬论”。

时间谬论是一种信念，为了使你的房子能够卖出高价，你必须让房子在市场上展售很长一段时间，一直等到出现最高价。

事实上，实际情况恰恰相反。房子在市场上的时间越短，看起来似乎越能卖出一个高价。那些卖价高于平均价的房子总会很快卖出，而那些在市场上展售很长时间的房子，最后卖出的价钱往往低于卖家的期望。

子弹头描述：

**什么是时间谬论……如果轻易相信它，会影响你的健康！**

书中说：

假设你的房产经纪人不能起草销售合同，就要确认你的律师不会耽误销售。事实上，所有销售的房屋，销售合同都是提前印好的，只要你的律师或律师助理用几分钟的时间填写好就可以了。

记住，如果你支付给你的代理律师一笔钱，期待他在那天传给你一份销售合同，这是很不合理的。你要确认，合同是要亲手交接的。

我无法告诉你交易遭遇阻挠的具体次数，原因是代理人将合同放在了邮件中。

子弹头描述：

**为什么你不应该通过邮件传送合同……你应该用什么来替代？**

书中说：

气味，科学地说，在房子中待几分钟后，鼻子对气味的敏感度就下降了。你不能闻到气味并不意味着刚进入房子的人也不会闻到。还有，要格外注意垃圾盒和房子内其他可能的气味源。

为了使空气保持新鲜，你可以经常打开窗户或者空调，也可以使屋子里充满香味，比如放些鲜花，混合花香也可以，或者是有香味的蜡烛。如果你真的非常想使屋子里香气四溢，也可以在买家来访之前烤烤面包或者烧沸肉桂，或者在点亮的灯泡中放入香草。

子弹头描述：

**在你的房间里应该怎样布置才能引人注目，帮你把房子尽快卖掉！**

书中说：

在出售难以出手的房子方面，我有一种非常有效的技巧，那就是为买家提供融资。如果这种方法在你看来是不合常规或是让你不舒服的话，那么想想20世纪70年代末、80年代初，利率高达百分之十几的时候，卖方融资与其说是例外，不如说是规律。

如果银行继续保持高利率的趋势，不管利息多少，卖家融资都会变得更加常见。如果你是卖家之一，而且手中有多余的现金，那么你可以利用卖家融资这个方法让交易变得更诱人。

子弹头描述：

**如何确认你的买家得到了融资，不管信贷是否紧缩。**

看到这里，你有一些灵感了吗？子弹头的描述和写作标题有着相同的思路和方法，只是其中充满了悬念，令人无法抗拒描述的好处。

## 强悍的收益证明

万般好处，不如一个强有力的收益证明摆在客户面前更加具有说服力，更加具有冲击力。以下五个强力证明收益的方法，能够让客户无条件被说服。

用有力的数据和经历证明客户能够获得的收益，可以塑造理性冲击力。

## 方法 1：客户案例故事

客户故事是对收益最可信的验证。利用已有客户的收益来佐证新客户的收益预期，是在客户内心形成冲击力的最有效的方法。用其他客户的故事，令现在的客户在心中产生强烈的模仿心态，我们称之为“从众心理”或“羊群效应”。

学者阿希曾进行过从众心理实验，结果在测试人群中，仅有 1/4 ～ 1/3 的被试者保持了独立性，没有发生从众行为，可见从众是一种常见的心理现象。

从众是指个体在社会群体的无形压力下，不知不觉或不由自主地与多数人保持一致的社会心理现象，通俗地说就是“随大流”。

美国人詹姆斯·瑟伯有一段文字，十分传神地描述了人们的从众心理。

突然，一个人跑了起来。也许是他猛然想起了与情人的约会，现在已经超时很久了。不管他想些什么，反正他在大街上跑了起来，向东跑去。

另一个人也跑了起来，这可能是个兴致勃勃的报童。第三个人，一个有急事的胖胖的绅士，也小跑起来……十分钟之内，这条大街上所有的人都跑了起来。

嘈杂的声音逐渐清晰了，可以听清“大堤”这个词。“决堤了！”这个充满恐怖的声音，可能是电车上一位老妇人喊的，或许是一名交通警察说的，也可能是一个男孩子说的。

没有人知道是谁说的，也没有人知道真正发生了什么事。但是两千多人都突然奔逃起来。“向东！”人群喊叫了起来。东边远离大河，东边安全。“向东去！向东去！”

……

从众心理对人们行为的影响很大，造成人产生从众心理的原因是多方面的。在群体中，人们不希望自己的决策出现问题，不愿意走一条冒险的道路，因此必须获得足够的信息，获得相对的安全感。

第一，我们使用的故事案例，要尽可能选择和目标客户类似的案例，包括客户所处的行业、目标人群的类似性，等等。

第二，选择的故事案例要无懈可击，符合正常的逻辑。

第三，故事案例描述的收益要让客户无法抗拒，案例中客户最终的收获一定是目标客户想要的。

第四，尽可能按照故事的描述技巧来讲述，前后有悬念，过程有冲击力。

你选择的客户案例，应当与潜在购买者有很多相似之处。你可以说：“目前，一共有 20 家客户使用我们的系统超过一年的时间，这使他们的业务在一年内增长高达 15% ~ 30%。”可能的话，最好有每一家企业的负责人提供的书面证词或者视频讲解。

通过这种客户案例，可以间接证明，如果还未采取行动的客户也采用这套系统，预期一年之内也可以获得最少 15% 的业务增长，一年就可以多赚很多的钱。

能够得到之前客户的直接褒奖，要比你用自己的语言讲给客户更可信。利用客户案例故事塑造冲击力，最可信的方法是，选择的客户要同潜在客户类型相匹配。由此可见，收集不同类型客户的案例故事，是打造冲击力的有效方法，该方法将令潜在客户无法抗拒地采取行动。

### 方法 2：利用对比证明优势

和其他产品进行对比，最容易塑造心理冲击力。大家可以看一下下面这张图片，这是一张真实的前后对比的减肥效果图，非常具有冲击力，是最容易获得客户信赖的证明优势的方法。

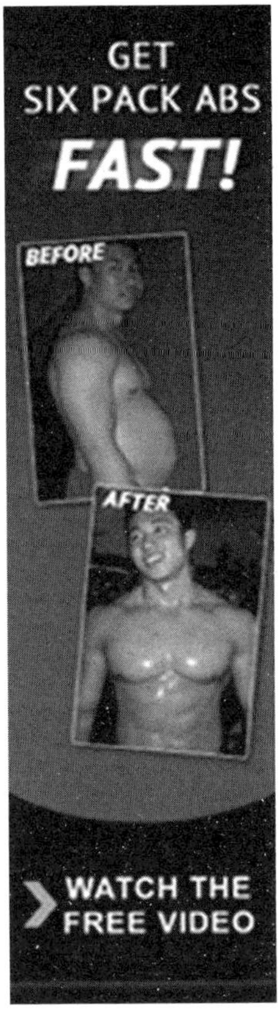


图 5-1 减肥产品广告图

迈克·张教授人们如何通过他的方法锻炼出六块腹肌，他提供的自己锻炼前后的对比照片，能够迅速激发男士的内心欲望。实际创意过程中，还可以对获得的收益预期进行对比。

例如：

没错！如果是你的朋友，那么他要花 3.95 美元才能购买到弗兰克·耶比销量最好的书——《离家出走》，作为读书俱乐部的会员，你只需要花 99 美分即可拥有这本书。

如果你的朋友需要花 4.95 美元才能买到约翰·郝拉的最新惊险小说——《狂乱生存》，作为读书俱乐部的会员，你只需要花 99 美分即可获得。

如果你的朋友要花 5.95 美元才能得到托马斯·B. 克斯特的新作——《高塔》，作为读书俱乐部的会员，你可以得到同样的书——仅仅花费 99 美分。

……

这里利用加入会员和没有加入会员购买书籍的价格进行对比，一下子就让消费者知道自己加入会员的收益。

下面看一个利用直邮销售燃料回收器（一种汽油引擎装置）的案例。

……该装置采用的是从引擎中收集烟雾的功能，然后——采用一种先进的处理机制——将烟雾二次利用到引擎当中，使其再次燃烧成为动力，从而节省汽油！

想想看吧！代替了污染的汽油、污染引擎、污染空气的现状——你从引擎中得到了持续不断的额外的汽油动力，而且完全免费，这等于是二次利用！

可以为你避免汽车故障，可以省下维修费用。每一笔你之前花费的高额费用，这次都可以节省下来——你会得到一辆全新动力、全新经济型、全新免维修的汽车，只是因为你拥有了这款产品。车身产生的污秽，产生的酸性，产生的污染物，这些问题都会被克服。现在，烟雾都变成了在你引擎中重新燃烧的汽油！

……

这篇销售文案就是采用了对产品使用前后进行对比的方法来证明优势。

对比的方向还有很多，例如：

◎之前的方案和现在的解决方案进行对比。

◎没有解决方案和采用解决方案前后的情况对比。

◎和你的竞争对手对比。

◎现在和未来对比。

◎与客户不采取行动进行效果对比。

## 方法3：利用数据的威力

相比收益的详细证明，产品方案实施报告会带来更强烈的真实感，已有的收益预期数据也能对客户形成心理冲击。

客户决定成交的时候，大脑通常有两种意识，一种是解决痛点，另外一种就是展望未来。

感性冲击力给客户带来想象空间，理性冲击力为客户寻找理由。能够满足理性的需要，最好的办法就是利用数据来说话。

例1：

我的软件能帮助你提高40%的办公效率，帮你每年减少35%的成本。

例2：

……一周后，请你将我们寄给你的黑亮外形的产品装到汽车的油箱里，这是需要你做的全部事情，这是你需要的所有方法！就这么简单，30 秒后开始起效，你会通过八种不同的途径来提高汽车的功效！

30 秒之内，你将让引擎展现力量，每加仑汽油将从行驶两公里变成三公里，再变成五公里。

30 秒之内，你会通过这种方式使引擎高速运转，这会让你行驶 5 000 公里后完全看不到油耗……

30 秒之内，你会完成对引擎的完整保护。这样简单的操作，会延长引擎四年的动力和寿命！每年，你只需投入 75 美元就能完成这一切！

## 方法 4：利用具体化（产地、材料、工艺）

假如你送一位朋友一支钢笔，此时你把买钢笔的过程描述给他。你说：我在三个月前就特意托了 5 位朋友，在法国的大商场中寻找这支钢笔，经过几千公里的飞行，终于在今天能够交给你了。

三洗三晒三腌三榨，就是按老方法在日光下晒。（乌江榨菜）

108 道工序、30 次熨烫、23 000 针缝制、100% 用心检验，造就一条九牧王男裤。（九牧王男裤）

31 项独家专利，216 个尖端零件，11 736 小时自主研发，7 次升级改良。（某摄影器材）

依云矿泉水，一瓶至少也要 20 ~ 30 元。如果人们对它不了解的话，一定不会认同这个价格。但是，看了下面的描述之后，你还会这么想吗？

依云天然矿泉水的水源地在法国依云小镇，背靠阿尔卑斯山脉，面临莱芒湖，远离任何污染和人类接触。

经过长达 15 年的天然过滤和冰川砂层的矿化，漫长的自然过滤过程为依云矿泉水注入天然、均衡、纯净的矿物质成分，适合人体需求，安全健康。

依云天然矿泉水在水源地直接装瓶，无人体接触，无化学处理，每天进行 300 多次水质检查。

在欧洲，依云已成为怀孕和哺乳期妈妈的信赖选择。自 1789 年依云水源地被发现以来，依云天然矿泉水已远销全球 140 个国家和地区。

图 5-2　依云矿泉水广告

看完依云矿泉水具体化的描述之后，相信大多数人都会理解并认同它的价值。

## 方法 5：利用演示

演示能说明产品的功效如何卓著，让客户实实在在地看到收益，说服力明显高于其他有冲击力的描述方法。

**画外音：**看！我们将向你演示　超级强力胶3号，令人不可思议的固定效果

**声音：**秒表的滴答声　　**画外音：**这个片段没有经过任何剪辑

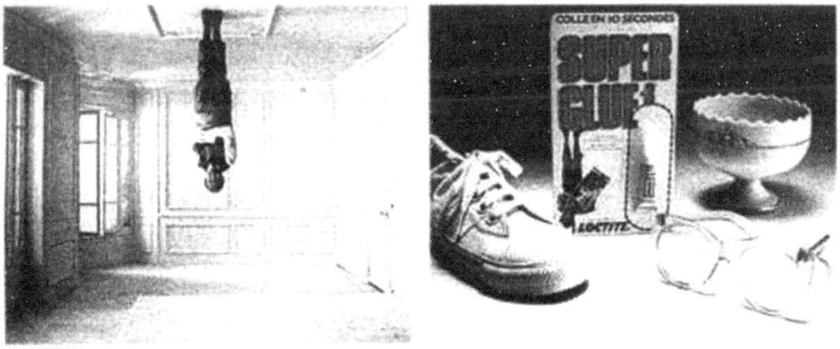


请阅读说明。强力胶3号还能黏住橡胶、塑料、瓷器……只要短短几秒

图 5- 3　大卫·奥格威为强力胶 3 号拍摄的广告片

演示的冲击力描述方法已经不是什么新鲜招数，记得很早以前有一则床垫的电视广告，利用公路重型车碾压床垫，让客户内心产生这样一种感觉：这种床垫十分牢固，碾压之后还原十分迅速。

在奥格威的广告生涯中，他就经常利用演示来创作广告文案，下面的图片就是奥格威帮助法国的强力胶产品拍摄的广告。广告中把演员的鞋黏在天花板上，让演员倒挂起来，从而说明强力胶 3 号的超强功效。这则广告播出之后，强力胶 3 号迅速成为市场第一品牌，这则广告也获得了戛纳广告节大奖。

示范是指进行一个简单的演示，或者展示产品及服务的使用场景。示范不需要重复介绍产品的特性，而是直接证实客户所能得到的收益。从根本上来说，示范明示了一个特别的收益或某项独特的品质。

在做产品介绍的时候，利用示范演示证明客户的收益，是非常直接有效地打造冲击力的一个重要方法。比如，安利产品直销员在上门推销或者会议推销的时候，介绍完产品之后，都会做很多产品示范，告诉客户使用这类产品的效果。这套方法让安利发展出很多会员。

## 方法 6：顾客推荐

前面谈到了利用客户案例故事打造冲击力的方法，这是利用典型客户的使用效果，在客户内心形成对收益的预期。客户推荐，则是让已经购买产品或服务的客户，从自己的体验角度来给其他客户作一些推荐，从而对客户决策形成冲击力。

自己的产品再好，永远也不要自我吹嘘产品有多么好，最好的办法是让使用过产品或者服务的客户来说，让身边人来说！一个客户的推荐，胜过销售者千言万语！一群客户的推荐，将会产生让人们无法抗拒的冲击力！

人们喜欢购买别人都喜欢或者都在使用的产品，不管是爱马仕还是 iPhone 手机。如果身边的人从来没有使用过，相信没有多少人会购买。大多数购买爱马仕这种奢侈品的人，至少身边都已经有人在使用，并且在他面前“炫耀”过。大家都有的东西，自己当然也想拥有，这是人们的正常心理。

尽可能寻找权威推荐。在社会生活中，人们对信息的了解并不是很充分，因此需要权威人士来帮助作决策，所以人们都信奉权威，这也是为什么很多企业花巨资聘请明星艺人来做广告的原因。利用明星代言，就是在暗示人们，这些明星都在使用这个产品，你还不去使用吗？

能够请到本行业的权威人士来背书，或者由政府部门出面背书，甚至请到同行来推荐，也是非常有效的一种制造冲击力的方式！

名气不够，以量取胜。请名人代言，是需要花费巨额资金的。如果无法请到权威人士帮忙站台，那么大量的客户推荐也是非常具有冲击力的。将众多客户的推荐语集中起来，同样也可以在客户心中产生不可抗拒的冲击力。

在寻找客户推荐的过程中，一定要注意以下几点。

（1）推荐理由和购买理由。

（2）介绍自己的使用体验，不要描述过程。

（3）尽可能用数字说话。

## 构建具有冲击力的矩阵

每一种产品，要引导客户予以认可，可以寻找几个能够佐证产品方案的客户故事，并准备以下信息。

例如，公司及一两位关键人物，确保他们愿意为你的产品或服务提供满意的反馈。潜在客户可能对你提供的信息存在疑问，以后也许会查询核实。

找到客户故事中同当前潜在客户情况相关的三个共同点。

明确使用了你的产品或解决方案后，为客户解决了哪些具体问题。

使用你的解决方案前后之间的情况对比，特别是使用你的解决方案之前的情况，以及使用后带来的收益。

如果一时找不到合适的客户故事，就需要找到可以证明你的产品的对比数据。

演示产品证明你的方案的可行性。你能够给客户提供一个视频证明吗？是需要动手操作的示范演示，还是需要将概念解释清楚？

你能做一个A/B方式的对比示范吗？A可以是竞争对手的产品，B是你的产品。客户应当可以从对比示范中清楚地看到为什么是B（你的解决方案）更好、更快、更便宜。

如果没有办法做对比示范，你可以查找数据，来证明你的方案带来的收益。

你的解决方案有一些统计数据吗？例如，你能证明通过使用你的产品，可以为客户节省10%的工作时间或工作量吗？一旦客户接受了这个概念，接下来，你就可以很容易地计算出节省10%的时间能够减少多少财务成本。

之所以要在你的广告中加入足够的能够“证明”的事实，主要有以下两个原因。你要全篇检查你的文案，以确保你这样做了。

首先，这是一个非常普遍的原因，那就是：如今人们对广告中宣扬的东西已经不再像以前那样信任了。有太多的人对广告中的说法持有怀疑态度，人们已经被众多的产品信息轰炸得大脑疲劳了。要让你的销售文案做到让人觉得可信，那么就需要有众多的冲击力矩阵来形成对客户内心的冲击。你呈现的事实越多，你的销售文案就会越可信，销售文案里面的一切也就会变得越可信。

第二个原因比较特别一些，那就是：人们需要事实并且想用事实作为购买的理由和借口——为了说服自己以及他人，使他们做出的决定不单单建立在个人的主观情感之上，这一点非常重要。

或许应该引用克莱德·贝德尔《如何撰写叫卖广告》一书中的一

句话来强调一下。

如果不是出于某种原因，大脑当然不会赞同内心的想法，所以要做的事情就是将其合理化。要做到合理化，就要给出理由来支持情感上的决定。

熟练的广告策划者都会在合理化的基础上向读者提供广告。总之，真正追求结果的广告撰稿人，都会先使读者想要某些东西——然后再向他们提供一个好的理由，让读者愿意购买。

**提示：**感性做决定，理性使之合理化。没有理性层面的充分证明，感性就会不真实，也就无法塑造出任何感觉。

# 第六章

# 重塑新现实

# 神奇的大脑

当客户了解到你的产品优势，并且感受到冲击力，但还没有亲自体验到产品之前，是无法了解产品能够给他的梦境带来什么改变的，这个时候客户也无法真正理解你的产品给他带来的好处。

在这个阶段，有一个非常重要的关键点，就是要让客户清楚产品或服务即将为他们带来的改变。你需要给对方大脑中塑造一个全新的景象，让客户清晰地感受到产品给他带来的改变，以及在这个场景中的内心感受，并且让客户相信这一切即将到来。当人们在头脑中能够清晰地知道会有这种改变的时候，人们就会产生极大的欲望，想要拥有你的产品。

我们必须非常清楚，在整个产品或服务销售过程中，销售的其实不是产品或服务，而是客户的梦境，以及他们内心的满足感。所以，在创作销售文案的过程中，产品的冲击力是支撑这一梦境是否真实的支撑点，核心目标是激发客户的心理感受和未来憧憬，所有的创意都要围绕这样的方向来展开。

那么，如何才能让客户感受到产品给他们带来的改变以及他们心中未来的场景呢，这就需要先了解一下大脑的一些特殊运行机制。

你知道吗？一朵花并不值多少钱，可是一个少女会对男友送给她的鲜花百般珍惜。为什么？因为她一直在感受男友给她带来的爱的感觉和得到满足的心理状态。在这个过程中，她会一直想象男友和她在一起的温馨感觉，并且非常享受这种心理状态。

名牌服装真的比一般中高档服装好很多么？不一定！人们之所以购买名牌服装，要的是穿在身上那种尊贵般满足的心理状态，渴望人们用崇拜的眼神仰视他的那种感受。

是的，人们购买的就是满足欲望时的心理状态！在购买和得到这个产品之前，这个欲望是无法满足的，只能靠想象。如果你能将人们的幻象与你的产品形成关联，那么就可以轻松地让他们掏钱购买，而且几乎不需要讨价还价。我们要做的，就是帮助顾客进入这样一种心理状态。

大脑中的幻象是如何建立的？笔者可以告诉大家，人们在大脑里可以看到世界上最美好的画面，这个画面比任何绘画大师画出来的画面都漂亮，那是客户心中想象出来的画面。

如果可以激发客户心中的画面感，客户就会对产品充满憧憬、想象力和行动力。

要达到这一点，就需要使用能够激发想象的语言结构，比如：

“想象一下，在高速公路上开着一辆流线型的汽车……”

听到这句话，你大脑中会浮现出什么样的场景或画面？很可能你会想象一辆跑车疾驰在空旷的路面上。为什么是跑车呢？

因为“流线型的”这个词给你的大脑提供了这样一个影像。这个画面产生于你的大脑，而不是我的，是你的大脑迅速对话语中给出的提示做出了反应，这就是大脑的反应机制。

## 激发想象的奥秘

人们的大脑依靠视觉、听觉、触觉、味觉、嗅觉这五种感官系统与外部世界产生连接，一旦阻断这五个通道，人们就无法感知任何事物。

心理学中的一个领域——神经语言程序学（NLP，neuro-linguistic programming，意为语言和心理学的统合）中，将这五种感觉称为“表象系统”。表象系统又分为视觉、听觉、触觉（包含触觉、味觉、嗅觉）三大类。

根据人与人之间的差异，不同的人依靠表象系统中不同的感官来理解事物。有的人是利用触觉来理解事物的，有的人则利用视觉来理解事物，而另外一些人是利用听觉来理解事物。

靠视觉理解事物的人，经常使用的词语是“看”“视点”；靠听觉理解事物的人，经常使用的词语是“听到”“考虑”；靠触觉理解事物的人，经常使用的词语是“感觉”“抓住”。

销售文案同样要求助于感觉，不管是组织销售还是创作销售文案，都要有意识地利用文中提到的“视觉”“听觉”“触觉”的各种表现来完成成交。

例如，“一看就明白”“视野开阔”“眼前一亮”“眼前的迷雾一下子就散开了”“一下子焦点就对上了”等，对于视觉理解者来说很容易理解。

“听到了”“咝——一下子进入了耳朵”“像风的声音”等表现，是面向听觉理解者的。

“请感觉一下”“抓紧了”“绝对不要放手”等表现，是面向触觉理解者的。

**这辆新型劳斯莱斯在时速60英里时，最大的噪音来自电子钟。**

这是大卫·奥格威设计的标题。当你看到这个标题，脑海中浮现出什么样的场景？是否想象坐进豪华的劳斯莱斯轿车里面，在飞速奔驰的时候，车内什么声音也没有，只有车里电子钟传出的滴答声？这就是利用感觉系统创作的销售文案。

视觉描述则是通过调动人们看到的景物来进行描述，让客户能够真实地感受到产品带来的好处。

当你从加油站飞驰而过，向其他汽车挥手的时候，请尽力不要笑出来。

听觉描述则是突出安静的、喧闹的或是低沉的场景，让客户感受到场景听觉带来的那种真实感。

你可以听孩子们“嘻嘻哈哈”玩耍的声音，鸟儿在林间“唧唧”歌唱，以及音乐从你旁边的车子中飘出来——直到你将车窗摇上去！只有在那个时候……才能获得一片静寂。

触觉描述则是让读者仿佛就像自己用手在触摸产品，感觉是光滑的、柔软的、结实的，同时包括他们触摸过程中产生的心理感受，击中客户内心最想实现的场景。

当你用手第一次触摸那柔软的皮革的时候，你会很惊讶，“它怎么能这么耐用呢？”

当你懂得描述感觉的方法，就如同一个老练的汽车推销商推销汽车一般，可以让客户看到自己跟着鲜红色的车子在跑，可以让他看到驱车驶过大街时邻居们回头张望的场景，可以让他看到他的车驶进车道时妻子的微笑，可以让他闻到新车和真皮座椅发出的气味。还可以让他感受自己仿佛驾车行驶在杳无人烟的乡间时，路上小石子引起的轻颤和手握方向盘的感觉。

如果你能够让客户感受到这一切，他就会仿佛看到自己正在开着这辆车子行驶。这一切无限的想象，你都可以通过文字和语言让他在大脑中产生！

看看下面这则文案，里面运用了大量的感觉描述技巧。

## 比你在任何玫瑰园中看到的玫瑰还要多

东方农业大学权威报告：这个惊人的玫瑰品种在6月份盛开了500株花朵。9月份盛开了1 523株……在这片花园中，这种玫瑰一共盛开了4 076朵。

你能想象这种奇迹吗？一片玫瑰竟然能够在6月—9月间，轻松增加4 000朵的开花量，一直到寒冷的季节仍然保持盛开。

你能想象这种奇迹吗？在玫瑰花园的一片土地上，实际上你一天只能采摘到3打或是4打玫瑰。但是经过一段时间，还是在这片土地上，能变成如此巨大的产量。

色彩鲜艳、气味芳香的玫瑰，几乎与最名贵的杂交茶树一样。然而，在同一时间盛开几百株……这可是在同一片土地上！樱桃般的粉色，三英寸长，如火焰般地光辉照耀，散发出诱人的光彩，展现出让人眼花缭乱的色彩。盛开的花束经历6月、7月、8月、9月、10月、11月……在迎来冬天第一场雪以后，还会开几个星期的花呢！

这就是种植玫瑰展现出的非比寻常的巨大收益，平均生长出的新玫瑰有50支。日复一日，周复一周，在炎热的夏天持续8周、9周甚至10周的日子里……你的房子周围一直开满色彩绚丽的玫瑰……盛开的美丽的玫瑰长满了露台，延伸到你的房间，延伸到你的床头，你的周围，你走的小路，你的车道两旁，贯穿夏日，延伸到所有你生活的环境当中……

这一切，都只生长在一片田地当中。

看吧，这就是未来几年你的花园所呈现的样子。如果现在就订购的话，很快就会让你的邻居羡慕地看到鲜花盛开的样子。

当你看完这篇销售文案的时候，你的大脑中是否呈现出开满鲜艳的玫瑰花的房子呢？你是否看到了邻居羡慕的眼神了呢？

“来点甜点吧，这款核仁巧克力饼会刺激您的味蕾。我们一开始给自制的新鲜核仁巧克力饼加热，直到它变得滚烫的时候，我们再加两勺浓郁的法式香草冰淇淋，然后在饼上洒一点巧克力软糖。接着，我们在四周浇上新鲜的奶油泡沫，最后以鲜红色的樱桃点缀。而它只需要 19.9 元。”

你是不是已经流口水了？你的脑子里是否已经出现美味甜点的画面？不妨将上面的描述与以下文字介绍比较一下。

“来点甜点吧，我们是用核仁巧克力饼和奶油制作而成的，价格 19.9 元。”

有经验的饭店服务生，深谙使用描述性词语为美食加分添彩的重要性。你在谈论产品或服务的时候，也可以秉持同样的理念，根据消费者的心理需求来营造画面感。帮助他们想象一下，你的产品可以改善他们的生活，舒缓压力，增加舒适度，或者让他们的工作更富有效率。

向他们展示产品使用起来有多简单、多方便，或者向他们描述，如果他们拥有该产品，他们的朋友会有怎样的反应。把他们拉到你描述的场景当中，让他们对你销售的产品或服务感到兴奋。

将高质量的培训研讨会与一个大学讲座比较一下。在大学讲座中，你通常都是被动地在听，而在研讨会上，你则是在积极参与。你更喜欢哪个角色？

心理画面能够将顾客带到产品介绍中去并吸引他们，描述画面会让介绍的内容更加有趣，也更容易被记住。

## 对普通汽车上使用的调压器的描述

……

想象一下！下周你就会放弃你的汽车——一辆使用了多年的已经

疲劳不堪的汽车。你或许会简单地将其改装一下，希望你16岁的小儿子可以使用。但是现在，当你启动引擎的时候，完全现代化的设备彻底改变了传统的引擎原理！

从一开始，你就会看到和感受到引擎的不同……当你松开刹车，车子会滑出停车位——那是气动踏板在发挥作用。每30秒或40秒，你只需踩一下气动踏板——就能感觉到车子的动力。这就是你脚下全新的汽车动力！

我们需要在下一个红灯前追上另外一辆车子，车子是同年的！从红灯变到绿灯的时候，让另外一辆车先行，等到那辆车行驶到下个路口前一半路程的时候，你踩下油门。

在他到达下个路口之前，你就可以赶上他。只需几秒的时间，你就可以赶超上来……你会看到已经把他甩在后面了……你可以从后视镜中看到离你越来越远的那辆车，以及车中充满惊讶的面孔！

看完之后，留在你脑海中的印象是不是这个产品很棒，以及从后视镜中看到的那个充满惊讶的面孔呢？

让人们进入到一种场景且高度注意，并产生无限想象，我们称之为一种恍惚状态，此时感觉已经脱离了现在的场景。

恍惚是我们日常体验中的一种催眠状态，它是运用语言描述在我们的心里创造出的一些图像、声音、气味、感觉等。以前古代的说书人都擅长这一招，他们会把一个故事描绘得活灵活现，把人物的表情、动作、声音乃至兵器、坐骑都很生动、很形象地描述出来，这样就紧紧地抓住了别人的注意力。说书人还能充分运用语言的魔力，不断地调动听众的情绪，或高或低，或大喜好人得报，或大斥奸人当道。

你曾经想象过自己中午吃什么，晚上回家做什么吗？你曾经在脑子里排练见到顾客时要怎么进行销售沟通吗？你曾经听朋友描述过怎么炒一道菜吗？那时，你就会进入恍惚的状态，也就是轻度至中度的催眠状态。

我们策划销售文案，就是要将人们带入到这种高度关注和想象的状态。只有当人们进入这种状态，才会产生购买过程中的心理状态及满足感。

要仔细研究你的产品或服务，把它给顾客带来的感觉用图像、声音、味道、感受等方面的内容描述出来。他们拥有了这个产品之后会有什么好处？他们能听到什么（别人的赞扬，等等）？他们能看到什么(流线型的外形,夏日最流行的色彩,梦一般的美丽容颜,等等)？他们能感受到什么（一流人士的感受，等等）？他们可以闻到什么或尝到什么（家的咖啡，给你带来家的味道，等等）？

现在举一个例子，让大家看看如何利用恍惚来做推销。这里以销售演讲课为例。

## “如何得到热烈的鼓掌——甚至是大声喝彩——当你演讲的时候

**当今社会，任何领域的领导**

**都要求你要成为一名出色的公共演说家**

亲爱的朋友：

想象一下，观众的微笑和脸上兴奋的表情，是不是很愉悦？

当你完成演讲后，听到雷鸣般的掌声，几个观众站起来了，接着人们都自发地从座位上站起来，并且给你长时间的起立鼓掌。

……

看到这个情景化的开头，对演讲的兴致是否立即就被激发起来了？

情景化极其容易激发人们想要拥有产品的欲望，你是否也有过这样的经历？有一次，有个朋友告诉我一种营养品的使用效果。他绘声绘色地告诉我一个本来面色浅黄的女孩，吃了一种营养品之后，脸色如何开始变得红润娇嫩起来，而且精神也开始变得振奋起来。

本来笔者只是抱着姑妄听之的态度，但是听着听着，自己都觉得心动不已——“给我带一瓶吧，兄弟！”就这样，笔者被自己常给别人传授的招数击中了。这就是创造感觉的语言艺术的魅力，明知人家是在运用技巧，你还是心动了，想尝试一下。

情景化描述，就是使人们在脑海里体会使用你的产品带来的快感，促使他们感觉到不使用你的产品所面对的痛苦。描绘出一幅画面，让他们看到、听到、感觉到，接下来行动就是极其自然的事情了。

## 在客户头脑中植入联想按钮

如果说客户看了你的销售文案，或者听了你的介绍，在一段时间内不断地想象拥有你的产品的情景，你的销量自然会得到巨大的提升。

当我们在客户头脑中植入一个按钮，只要客户在某个场景出现，就会立即产生拥有你的产品的想象画面，那么对你的产品销售将会非常有利。

“你瞧，如果你喝了我们的减脂咖啡，晚上躺在床上，你都会想着自己睡觉的时候脂肪还在自动燃烧，那种消瘦下来的轻松感觉是多么痛快和舒服呀！”（如果利用视频，配上一个演员或者代言人，在说这些话时，一边仰起头，深吸一口气，表情轻松地闭目养神，那么客户就会产生仿佛自己在体验那种全身轻松的快感。）

这个例子中，销售文案向客户强调，她晚上躺在床上时，将会看到一幅动人的场景。如果你不提及这句话，客户到了晚上卧床休息时，会像别的晚上一样，不会特意想起你的减肥套餐。现在用了植入按钮（指令）这个方法，当顾客晚上躺在床上，头一挨上枕头的时候，就会想起你的减肥套餐。

利用一个指令强化产品使用后的某个情景，就是让客户记住这个场景并产生期待和梦想。

“你不会忘记这个沐浴液的，这一整天你都将坐着车子，脑子里想着你坐在浴盆中享受妻子按摩的情景。你还可能想象抬头望见闪烁的星星，温暖的水浪在你身边翻涌，多么舒适，多么轻松呀！”

在客户头脑植入一个开车的场景指令，一旦触发这个场景，客户就会想起这句话。

在客户头脑植入指令的方法十分简单，描述一个场景，再利用语言引导即可。

“你不可能忘记。”

“这不可能忘掉。”

“这么美妙的东西，相信你会记住。”

“也许你会常常想起。”

“这将会给你留下深刻的记忆。”

你还可以用“别人会感到难以忘记”来强化你的建议，以便被客户更深刻地记忆。例如：

“你的孩子会因此而感激你的。”

“你的妻子会永远记得在这重要的一生中，你送给她这么一份美妙的礼物。”

你还可以讲一个具有催眠功效的故事以加深客户的记忆。比如说，几年前某人购买了你的产品，至今他的爱人还记得这件事。这种方法描绘了一种效果长久的、感人的画面，能极大地增强客户记忆的效果。

## 勾起回忆中的场景

当人们开始回忆往事时，很容易进入一种入神的状态，这时他们的感情比较冲动，也容易受到影响。成功的销售人员、政治家与宗教领袖，都擅长引导人们回忆往事，同时把自己的一些想法揉进这些回忆中。

通过让人们回忆一段愉快的往事，可以让他变得像小孩子那样激动与开心。下面来看一个例子。

推销员："你还记得第一次得到自行车的情景吗？"

顾客："当然啦！那是8岁时我爷爷送给我的春节礼物。那是一辆红色的自行车，我骑着它转了好几个小时。那天晚上我是那么激动，怎么也睡不着。"

推销员："太棒了，那确实令人激动。我想如果你有了这个新的滑雪板，你会有同样的感受，它可以带你找回往日的快乐。"

让顾客回忆以前的好时光，再把这种感觉与你的产品联系在一起，是促使顾客购买你的产品或服务的好方法。进入愉快心境的人，心情更开放，更愿意消费，也更乐意通过小小的放纵来满足自己。

这是把积极的形象与你的产品联结在一起的一个好方法。有时，我们也可以运用负面的形象来推动他人购买。比如说你想推销家庭安保系统时，可以用反面形象回忆来提醒他过去那种不怕被盗的放心感觉。

“还记得以前吗，你可以整天不用关门，钥匙就放在门前垫子下，大热天开着门睡觉也没什么可怕的。”

当他回忆起这段美好时光的那份安全感时，你可以让他知道现在怎么做才能重温那种感觉，也就是把你的产品与这份安全感联结起来。

需要强调的是，人们总是追求快乐，逃避痛苦的。把人们的快乐与方便和你的产品联系在一起，把痛苦与不便和没有使用你的产品联系在一起，是影响人们决定的一个重要的关键点。

这些是催眠式销售最基本的一些技巧，将这些技巧组合起来运用，可以让你的语言充满感染力与推动力。匆匆地阅读，可以让你轻松地明白这是怎么回事；大量地练习，则可以让它变成你语言的一部分，就像呼吸一样，自然地时时刻刻地支持你，让你的销售更加简单。

## 引发无限想象的情景连接器

让人几乎不需要任何思考，立即进入到想象拥有你的产品的思维状态，就要用到这个超级情景连接器。

下面的这些案例，你可以阅读一下，并在空白处填写任何你能想到的内容。例如，当你向你的读者说第一句话时，就告知他们阅读你的销售文案后将会学到什么，或者会有什么样的感受。

◎当你开始阅读这篇文章开头的时候，你将发现……

◎当你坐下来并阅读这个报告开头的时候，你会开始感觉……

◎当你读完这个报告的时候，你会变得对……（吃惊，震撼，等等）

◎当你分析这个文件的每个字的时候，你将很快感到……（平静，快乐，等等）

◎当你仔细查看这个网页每个文字的时候，你将会发现一种新的方法……

◎读完这篇短文后，你会感觉……

◎你是否可以想象……

◎描绘一下你五年后的情景……

◎描绘一下……

◎想象一下……

◎回忆一下你高中的时候……

◎想象一下如果……将会是什么样子

◎如果……会不会很神奇呢

◎在最初几年……

◎想象一下如果你能……会怎么样

◎想想你自己……

◎回忆一下……的味道

◎你开始注意到……

◎你是否记得曾听到过……

◎你是否能回想起……的感觉是什么样的

在销售文案的开头陈述一些你的目标受众已经知道的事实，这样能快速获得信任，信任带来交易。让人们做一些你想让他们做的事，比如……

◎你可能知道……

◎聪明的你一定知道……

◎你当然听说过……

◎每个人都知道……

◎你可能已经知道……

◎很少有人像你那样熟知……

潜意识连接器是用来在客户的大脑中建立全新现实场景的武器，这样可以迫使人们不断地想象拥有你的产品的情景，促使人们做出你想要的行动。

告诉你的目标受众，当他们阅读了你的文字后，会有什么样的想法和感觉。大多数人会真正地开始思考或感觉，这是因为你引发了它。只有诱导出他们的想法后，才会吸引他们来购买你的产品。

◎如果你……会怎么样

◎慢慢地你开始……

◎当你了解了这个信息，你将……

◎当你想着……你变得真正对……感兴趣

◎你是否开始明白如何……

◎当你阅读这个文案中的每一段文字的时候……

◎你是否已经发现……

◎现在我想帮助你去体会……

◎如果……会不会很神奇呢？

◎你将越陷越深……

◎你将开始对……感觉越来越好

◎当你阅读这个报告时，会越来越接近……

# 第七章

# 促使立即行动

# 如何令你的产品卖出高价

我们必须牢记一点，前面所有的心理成交工作，都是为了这一步做准备。这一步做好，成交量才可能迅速提升数倍。

在互联网，你可以看到大量的产品销售页面并没有要求对方采取行动。特别是淘宝等平台的商品，图文设计都非常漂亮，也非常吸引人，可以说是非常精美的销售页面，不过有一点，那就是不知道如何让阅读者立即采取行动。

约翰·卡普尔斯在他的《直接销售广告》一书中说，这个世界上有大量很好的广告，但是很难让人产生最终购买的冲动。要么就是一味地说“请马上购买”，但是客户内心肯定会想，“为什么要立即购买呢？”

客户这个时候的真实想法，可能是尽量再看看，尽量选择下一次，但是“下一次”往往意味着永远可能不会再来光顾你的网页了。绝大多数情况下，客户大脑中闪出“下次吧”这个念头的一瞬间，就意味着永远不会再有第二次踏入的机会了。

我们必须极力避免这种情况发生。要知道，所有的成交都是需要策划的，都是设计好的。一旦设计成功，那么客户的行动力会比原来增加好几倍。但是没有人会在你说要让他成交的时候就会立即掏钱给你。

人们对产品的价格往往是不敏感的，甚至说对产品的价格是没有任何标准的。有关价格的一切想法，都来自于人们已有的认识和观念。

有时候，你的产品很有价值，但是客户心中往往会觉得非常非常昂贵，而且贵得很离谱。

一天，齐白石在路上遇到一个卖白菜的小贩儿。他问小贩儿：“这一车白菜卖多少钱？”菜贩子回答30元。齐白石又问：“我用我的这幅画换你一车白菜，行不行？”

这个小贩儿急了，气愤地说：“你这老头脑子有毛病吧，你当我是傻子吗，要拿你的假白菜换我的真白菜！”小贩儿说完推起车子就走了。

看到这里，你心中是否会笑话这个小贩儿？实际上，你的客户看到你的产品时，也同样和这个小贩儿一样，心里会说：“你这样的产品还想换走我这么多真金白银吗？”

在客户不知道你的产品的价值之前，我们产品的任何报价都可能是非常高的，因此千万要记住“价值不到，价格不报”的铁律。

怎么做才能让客户接受我们的正常报价呢？

看下面的图，然后回答我，图中两个黑色的点大小是不是一样？

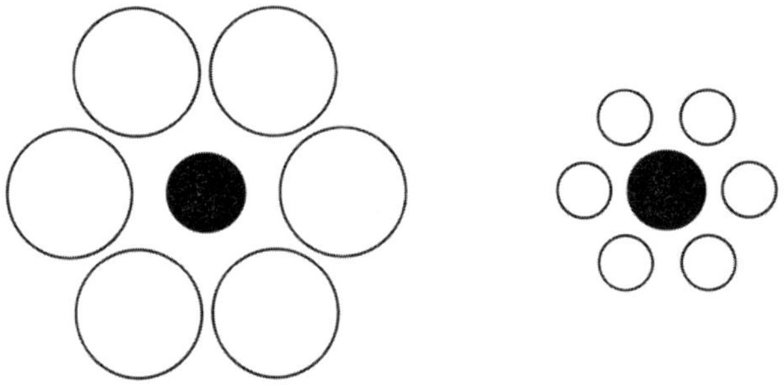

图7–1 视觉对比图

确定你的答案了吗？你可能会感到惊讶，这两个黑色的圆点其实大小是完全一样的。

对于大多数人来说，只要不是拿着尺子去测量的话，这两个黑点看起来确实不一样，左边的黑点显得很小，右边的显得很大，但这只是潜意识中的一种视觉错误。这一点从另外一个角度说明，我们的潜意识经常会被信息的某种展示方式蒙骗。

人们对产品价格的看法也是这样的。在没有货币的年代，人们利用可计量的劳动来换取相应的商品。比如，用一年的收成来换取一头牛，或者用两只羊来换取十只鸡。

这种交换都是以原始的生活价值标准来作为参照物的。换一句话来说，其实对于产品价格的决定权不在我们手中，也不在客户的大脑中，而是在我们选择的参照物当中。

就像上面的那幅图所要表达的，这涉及“对比原则”。人们从潜意识的角度判断事物，都是根据对比物来确定的。如果你想让自己的产品获得一个比较理想的销售价格，那么在确定销售价格之前，你需要有一个合理的高价提议，这样你的产品价格就会显得比较合理。

## 乔布斯的“诡计”

苹果公司第一次推出 iPhone 手机之前，很多果粉心中充满了期待，急切地等待苹果公司公布产品各方面的信息，同时心中猜测可能的销售价格，估算买一部 iPhone 手机到底需要多少钱。

在 iPhone 手机正式推出来的时候，价格定在了 499 美元和 599 美元之间。这样的价格令大多数果粉心中充满了遗憾，价格实在太贵了！过了几个月，苹果公司做出了一个非常有意思的决定，将 iPhone 手机的价格降低了 200 美元。这一大幅度的优惠，立即刺激了人们的购买欲望。

当苹果公司推出 iPhone 3 手机的时候，定价更是低至 199 美元，结果上市之后，三天之内就卖出了 100 万部手机。

在心理学中，人们对产品的价格并不是太敏感，也没有一个特别清晰的分析系统。从远古时代来分析，人们当初是通过以物易物的方式来完成交易的，所以每件商品都没有明确的价格。

对于新发布或新上市的产品，客户会在内心对这个产品的价格产生期望，这个期望是根据他们大脑中原有的价格体系来进行判断的。

这个判断体系，我们称之为“锚定价格”。

苹果公司第一次推出 iPhone 手机的时候，高定价的目的是为了在人们头脑中设定锚定价格，让人们认为 iPhone 手机的价格应该是 500 美元左右。之后再进行降价销售，消费者心中就会产生很强烈的捡便宜的心态。

# 神奇的价格锚定

锚定原则讲的是在估算价值的时候，人们总是潜意识地从参照点出发。研究表明，商家可以通过使人们与一个基准点或参照点（锚点）建立联系，进而影响人们对价格的判断。

达恩·艾瑞里（Dan Ariely）教授做过一个实验。有一天，达恩·艾瑞里教授让他的学生写下他们社会保障号码的最后两位数，然后又让学生们竞拍他抛售的一些物品。

他想确定，将学生锚定于一个数字（他们的社会保障号码最后两位数）这一做法，是否会影响他们对所出售的物品标定价值的判断。

达恩 · 艾瑞里教授得出什么样的结论呢？

尽管学生们强烈否认其出价受到了他们的社会保障号码的影响，但是编号高的学生所出的价格，明显高于那些编号低的学生所出的价格。

换句话说，单纯地写下毫不相干的数字（社会保障号码最后两位数字）的行为，创造了一个可变通的范围，在学生们投标所售物品价格时起了作用。那些被锚定于较高数字的学生，潜意识里倾向于给出较高的价格。

这种手段就是利用所谓的“目标商品”或是“价值已知商品”（KVI’s）进行价格锚定。

从心理上分析，如果你用一天中花了七八个小时才赚到的 100 块钱去买一件商品，和用别人给你的 100 块钱去买东西，你的感觉会有区别吗？

下面来看看电视购物的把戏。

如果你观察过电视购物广告，就会经常看到这样的场景：演员们把淘宝商城里销售的同款产品的价格或者是国外同款产品的价格打印出来，告诉你现在电商卖这款产品，价格都需要 1 100 元人民币。然后他们会开出一个更低的价格，接下来他们还会附送几个赠品。这样一来，他们将售卖的产品价格锚定为 1 100 元，而现在只售 680 元，还包含运费，观众看上去就会觉得非常有吸引力。

等到广告片快要结束的时候，他们销售的产品价格不仅远远低于最初的锚定价格，而且还包含很多赠品。如果现在立即打电话进来购买，价格上还会再优惠 50 元。与之前锚定的价格相比，这一价格更具优势。

电视购物商家，最擅长这样的销售技巧。

在创作销售文案的过程中，要把握住一点，当人们的心理处于极度渴望和期待拥有产品的阶段，这个时候人们的内心就会急迫地想知道价格，这是建立锚定价格的最佳时期。

一旦你能够在客户心中建立较高的锚定价格，成交就会变得非常轻松。

人们很少按绝对价格衡量和选择物品，因此我们没有一个内在的价格计量表，告诉大家什么东西价值是多少。相反，我们总是专注于一件物品对于另一件物品的相对价值，并依此对其价值进行估算……（达恩·艾瑞里《可预见的非理性：影响决策的潜在力量》）

聪明的商家经常使用这样的“诡计”，以此来让客户觉得自己的产品非常便宜，所以你一定要记住：

让产品卖出高价的秘诀，就是尽可能地找到高价的参照物。

## 令人疯狂下单的超值赠品

如果要说推动成交最有效的方法是什么？笔者要告诉你的就是超值的赠品。

在人们购买的过程中，当你把客户的心理欲望推向顶点的时候，客户就会在心里衡量他将要付出的和自己即将收获的，并对付出的和收获的进行对比。如果在这个时候有超值的赠品赠送，就可以将人们的欲望再一次推向高潮，客户将无法抗拒这种巨大的诱惑力。

在人生十大驱动力当中，其中就有一种人性的驱动力——“贪婪”。人们不喜欢便宜的产品，但是喜欢占便宜，这是人的本性。人们喜欢占有大量对他有用的资源，因此设计一套让客户无法抗拒并且超值的赠品，是快速推动销售的一个非常重要的手段。

一个设计成功的赠品，可以很轻松地提升 30% ~ 230% 的成交率，而且是非常容易地达成。不管你销售什么样的产品，为这个产品打造一套超值的赠品，是推动销售的一个非常重要的成交手段。

下面将告诉大家如何设计一套令客户激动万分并且立即掏钱购

买的赠品，以及其中的五大秘诀。

### 1. 赠品能让客户的梦境更加出彩

要设置令客户疯狂下单的赠品组合，最重要的不是赠送赠品，而是送对赠品。要让客户内心疯狂，那么就要不断地去刺激人们的欲望，客户的欲望就是强烈地想要立即拥有他们心中的梦境。这个时候，一切可以令这个梦境更加完美，更加出彩，而且更加真实地呈现出来的赠品，都会让客户的内心状态更加激动，这样人们才会产生强烈行动的冲动，这才是设计赠品的核心要点。

比如销售一种无烟锅，这种无烟锅采用特殊的材质制造。那么客户在购买过程中，赠送配套的锅铲，比其他无烟锅在销售的时候没有配套赠品赠送，效果会好得多，客户在使用过程中，内心感觉也会更加美好。如果再赠送一些配套厨具，或者赠送特别设计的菜谱，将会令客户内心十分激动，下单速度也会加快。

当初笔者在设计销售文案训练班课程时，赠品设计同样也是依据这个原则。比如赠送让学员快速掌握销售文案创作的“黄金文案模板”，利用这个模板，可以快速设计出令产品大卖的销售文案。还会赠送创作销售文案的网页模板，这样可以在设计好的模板上创作，快速上线，快速产生销售。此外还会赠送一些其他的配套工具，这些都是为了更好地提升销量设计的赠品。

如果赠送一些不相关的其他产品，很多人内心当中可能会产生许多疑问，甚至会打断在销售进程中我们绞尽脑汁将客户带入的场景，令客户跳出我们为其设计的成交场景。

到了销售的最后阶段，客户内心已经进入到一种中度催眠状态，心中想到的都是要购买这个产品。此时一个不相关的物品，有可能打断人们的这种心理状态，转而去思考和成交不相关的其他一些事情，这是一个得不偿失的做法。

### 2. 至少要有 3 大赠品

在大多数人心里，买一个产品，获得一个赠品，这是再正常不过的事情了。在人们购买产品的时候，如果你赠送他两个赠品，他内心就会开始开心起来。如果送他三个赠品的话，内心就会莫名地兴奋。如果你赠送四个吸引人的赠品，那么客户的内心就会无可救药般地乐观起来。最厉害的是赠送五个吸引人的赠品，这时客户一般都会直接尖叫起来。

笔者在这里特意提醒大家，在设计和赠送赠品的时候，千万不要只赠送一个，而是至少赠送三个或以上的赠品，令客户直接尖叫起来并立即掏钱购买。

### 3. 低成本高价值

最好的赠品应该是令客户觉得价值很高，但对于商家来说，最好成本又是非常低的。能够使顾客和商家达到一个平衡，那么这就是非常好的赠品了。

比如赠送一些视频资料、书籍资料等，这些赠品生产成本不会太高，但是里面都是很有价值的知识性内容。对于客户来说，他们要的是里面的附加价值。

不过非常重要的一点，就是赠品应该是客户急迫需要的，或者对他们有比较大的帮助。如果感觉赠送的赠品是鸡肋，那么客户内心肯定不为所动。

### 4. 赠品价值同样需要塑造并进行价值确认

在赠送赠品的时候，一般情况下，客户肯定不知道赠品对于他们的梦境意味着什么。这个时候必须清晰地告诉他们，并且要塑造好赠品的价值，描述冲击力。只有这样，客户才知道赠品能够帮助他们解决什么问题，给他们带来什么样的改变。

在塑造价值的过程中，同样需要为赠品找到价格锚点，打造产品的冲击力。举例来说，你销售的是音响设备，现在要做一次促销。有客户想购买一套音响设备，你准备赠送一套无线麦克风给对方。如果这时你能够告诉对方："这个麦克风原价是 2 800 元，媲美一线麦克风的效果。"客户听了之后，一定会欣喜若狂。

### 5. 将竞争对手最好的产品作为赠品，迅速击垮竞争对手

这个策略非常有效，但也是需要斟酌使用的一个策略。如果你知道竞争对手正在热销什么，而你却将类似产品免费赠送，肯定可以吸引大量客户的关注，迅速扩大销量，这也是快速抢夺竞争对手客户的最有效方法。

## 增加 100% ~ 300% 利润的风险逆转策略

这部分内容可以说是至关重要的一个内容。在整个成交路线图中，通过赠送超值赠品和制造紧迫感，将人们的欲望第二次推向顶点。但是绝大多数情况下，在人们做最后决定的时候，内心充满了不安、犹豫甚至是怀疑。人们担心做出错误的决定，害怕购买之后周围的人不认可。此时他们内心会不断地问自己：

买了之后会不会上当受骗？

不会有什么损失吧？

万一不好用怎么办？

没有商家说的那么好怎么办？

成交最大的障碍就是客户购买前的不安、犹豫甚至是怀疑。客户不信任，同时担心很多其他的风险，就会延缓购买行为，甚至导致放弃购买。成交流程中，客户可能对所有的内容都已经了解，并且非常期望购买，但是顾客内心一定会半信半疑，这是很正常的现象。

对于那些心存疑虑、犹豫不决的潜在客户来说，帮助他们清除购买后的风险，可以吸引他们立刻采取行动。此时我们要做的，就是帮客户消除这些不安和疑虑，让客户痛痛快快地买回家。在购买中提供担保，正是消除风险极其有效的方法。

提供担保这一行为，实际上在人类刚出现贸易活动时就已经被销售者们使用了。迄今为止，最早的一则广告出现在 1773 年，这则广告说：

非常好喝的武夷红茶，从伦敦最后一班轮船中进口而来，由英国北部的西奥·汉克考销售。如果广大女士们不喜欢这种茶叶的口味，那么你们可以退回茶叶，并拿回自己所付的钱。

如果你可以打破最后的障碍，那么人们就会轻松地迈过疑虑这个门槛，瓦解购买过程中的最后一道防线，为你的产品掏钱。

虽然提供担保自古以来就是非常有效的销售方式，但是我们依然会看到，在无数的销售文案中，并没有提供任何形式的担保。大家可以看到，很多淘宝商家在销售产品的过程中，都为买家提供了运费险，客户不满意的时候可以随时将产品退回或者换货。但是，在淘宝商城中，大多数商家并没有就此向买家做出任何说明，导致大量客户没有下单，这是非常可惜的现象。

在这一环节中，最有效的方法就是提供购买保证，逆转购买风险，克服客户心中的担心，打消采取行动的迟疑，这样你就会获得巨大的业务量。

下面是两个提供购买保证的销售文案描述，这些描述让客户无法抗拒地想去尝试和购买。

首先是一家健身中心的风险逆转销售文案。

## 你的防弹保护……

按照我们的训练方法训练90天后，如果你的力量没有增加近一倍，或者你的体形或肌肉线条没有得到改善，起码比原来要好20%或以上，请你写信告诉我们，我们将很乐意立即全额退款——不问任何问题。

另一方面，如果我们的训练方法为你产生了难以置信的效果，希望你能不避其烦，不仅写信告诉我，而且告诉你的朋友！

即使你决定停止训练计划或者把产品送回以获得退款，我们仍会为你保留价格为500元的体重训练视频课程，以报答你对我们的信任。

×××

个人健身教练

下面是营销专家杰·亚伯拉罕设计的最慷慨的保证。

## 杰·亚伯拉罕的完全无风险、100%退款双重保证！

购买任意数量的咨询文案手抄本，仔细阅读它们，或者每本多看几遍，然后立即把你从中学到的理念付诸实践。

如果你发现运用的理念不成功，你可以在最长九个月后获得订购这些咨询文案手抄本时支付的全部款项！“对，用九个月的时间来确认它们到底好不好！”

或者，如果看了杰·亚伯拉罕的咨询文案手抄本后，你马上认为该信息无用，或者不适合你的情况，而且你实在无法使用从中学到的任何理念，杰·亚伯拉罕将立即全额退款，不问任何问题，也不会产生任何怨恨的感觉。

最好的承诺是：即使你决定要求退款，杰·亚伯拉罕也会免费寄送盖瑞·亥尔波特的《盖瑞·亥尔波特时事通讯》（价值 2 500 美元）给你。

为什么提供这么慷慨的保证？杰·亚伯拉罕以这种方式使你确信——在可能性极小的情况下，你的业务非常独特或者困难，甚至咨询文案中的原理也不能帮助你，你无须为无法使用的东西付款。杰·亚伯拉罕纯粹"以业绩为基础"，如果你实在不能从提供的指导或建议中获益，他不会要你的钱，就这么简单！

不过，你要试了才知道，所以他给你九个月的时间来验证他的理念（除任何问题之外）。倒不是它们可以帮你赚钱，而是它们已经帮你赚了钱，否则，你一分钱也不用支付。相反，你还会获得 2500 美元的礼物，作为带给你的麻烦的补偿，这可能是再也公平不过的了！

可以说，杰·亚伯拉罕是最会使用风险逆转为自己带来巨额销售利润的营销人了。他之所以能够成为别人眼中的行销之神，很重要的一个原因，就是他太会销售自己的产品了。

杰·亚伯拉罕一直认为，对于企业来说，一定要确保新客户跟你打交道、做生意时非常容易，那么你就要让他放心。如果不满意的话，随时可以取消交易，这会让他们非常安心，觉得没有什么风险。

杰·亚伯拉罕曾经做出许多令众人模仿的风险逆转案例，下面的案例就颇为经典。

30 年前，杰·亚伯拉罕在美国组织研讨会的时候，当时的 1 万美元是非常非常多的一笔钱。为了说服企业主参加，杰·亚伯拉是这样做的。

首先销售一盒录音带，他在里面讲了两个重要的概念。在讲第二个概念的时候，他会跟客户说，我们这是一个五天的课程。上到一半的时候，也就是两天半后，杰·亚伯拉罕才会跟他们结算。比如说你用支票支付，那么在课程进行到两天半之后，杰·亚伯拉罕才会去兑换成现金。信用卡也是在两天半后兑付，以确保客户对杰·亚伯拉罕课程的认可。

也就是说，在五天的课程里面，只要在前面两天半的时间里客户提出不满意，就可以不交费。如果满意了，才会收取费用。

杰·亚伯拉罕事先还会给已经报名但是还没有上课的学员 5 000 美元的资料，所以这些客户非常放心地来参加杰·亚伯拉罕的课程，并且确保在上课前就已经有了非常大的收获。

第一个月就有 1 000 个客户来参加他们价值 15 000 美元的课程。但在使用这个策略之前，要卖掉500美元的课程都是非常困难的。从这个案例中可以看到这一招有多大的威力。

对于风险逆转策略，笔者也非常喜欢使用。在每次成交过程中，使用风险逆转策略可以极大地增加成交率。

# 常见的消除风险的方式

## 第一种方式：提供全额退款保证

如果客户对产品感到不满意，可以 100% 全部退货，商家当场全额退款，这是最常见、效果最明显的一种销售策略。之所以常见，是因为它非常有效。

比如，如果你在销售防止脱发的产品，可以让人们稀疏的头发变得浓密，或者销售减肥产品，可以帮助客户瘦身多少公斤，或者销售某种产品，可以令失眠者晚上轻松入眠，等等。你跟客户说，如果在限定的时间内不见效的话，就全额退款，那么你的生意将会是另一种景象。

对于风险逆转策略，事实上大多数商家并不对此大加宣传，因为他们担心购买者会利用这一点进行大肆敲诈。

现在你应该清楚，如果你的竞争对手还在担心这一点，那么你就能轻而易举地打败他们，因为退款这样的情况只是极少数，对于因实施这条策略带来的销量增长，这点儿损失可以忽略不计。

不过，这里要善意地提醒一下，这样的风险逆转一定要建立在完整的数据分析基础之上，不能随意做出保证却不兑现承诺，否则结果将比不提供保证更糟糕。

## 第二种方式：部分风险逆转

不管在世界的哪个地方，消费者的素质都是参差不齐的。如果大家担心向客户提供完全的风险逆转方案存在风险，那么可以提供部分风险逆转方案。

比如，客户完成健身课，可以书面保证至少减肥 ×× 公斤，还会增加肌肉强度，但没有任何附加条件。同时，你也需要客户写下一份保证书，让客户保证按照锻炼计划每星期锻炼几次，每次锻炼多长时间……因为锻炼不完全取决于健身中心和健身教练，而是客户本人。假设健身中心提供的锻炼方法很好，客户却不能按照计划有效地执行，也是不可能达成承诺的效果的。

要让风险逆转对商家更加安全，最好让客户也做一定的承诺，也就是相互承诺。实际上，很多产品和服务给客户带来的利益是最大的。客户在使用你的产品或服务的时候，如果使用得当，就会给他们带来极大的好处和利益。

还有部分保证，可以通过给客户奖励或弥补损失的方式降低客户的风险。比如有人销售电子报告类产品，一年的订阅费用是1 000元。如果购买者一年后的受益没有超过之前承诺的多少倍以上的话，商家会帮助订阅者购买另一种产品。

笔者举办销售文案集训营，只要学员按照训练流程学习，就能够完全掌握高成交率的销售文案创作。在这种情况下，笔者提供的风险逆转方案是这样的：如果按照整套流程进行训练，3天集训之后还是不能独立创作出一篇完整的具有销售力的销售文案，就退还100%的学费。

杰·亚伯拉罕在设计培训课程的时候，还有按比例退款这样一种选择，就是根据学员付出的努力退还一部分款项。

风险逆转方案可以是非常灵活的，通过这些承诺，可以让你和竞争对手一下子拉开差距。

## 第三种方式：提供分期付款

只给××元，就可以马上把产品带回家。如果客户最初只需要付很少一笔钱，那么他们就会认为整体风险很低。大多数人对首次付款之后的事情并不考虑太多，他们只是认为：哇，才××元呀！尽管实际情况是他们在以后几年每个月都要继续付款。

如果对产品有足够的自信，可以把这一策略与返利策略综合起来运用，这样客户就会觉得购买风险微不足道了。

## 第四种方式：提供免费试用商品，第一件商品免费

化妆品经销商总是提供免费试用的样品，这并不是没有原因的。如果特价商品完全免费，或者定价低得可以忽略不计，那么客户在购买时几乎没有任何风险，这样商家就能获得更多的反馈。这样做不仅令客户感觉没有风险，更重要的是降低了客户购买的门槛。

如果是财务状况不佳的公司或者营销新手，这一策略显然并不合适，因为采用这一策略，产生收益需要较长的一段时间。但是，对于更有经验、具有更强抗风险能力以及财务状况良好的公司来说，这是最有效果的营销武器之一。

第一件产品免费虽然看起来有点儿划不来，但是，正是第一件免费，将我们的产品展示给了购买者。如果你的产品质量过硬，那么这次免费可以让购买者对你的产品产生信赖感，从而一而再、再而三地购买。

在互联网时代，免费已经成为最有效而且是必须使用的营销策略。商家要尽可能地设计出免费试用的产品，以便客户能够在购买之前即感受到产品带来的好处。

## 第五种方式：提供产品的后续服务

如果 ×× 年内产品有任何问题，我们会 24 小时上门维修。如果客户担心你提供的产品出现故障，这样的保证在某种程度上能够消除顾客的心理障碍。

如果客户了解到一旦产品出现故障，他们只需打个电话，商家就会派人上门维修，那么他们就没有什么后顾之忧了。

## 第六种方式：提供见效后付款的承诺

一开始客户不用付款，比如：如果为你撰写的广告方案帮你增加了利润，你只需把增加的利润按约定的比例支付给我就可以了。这也是一种承诺的方式。

聪明的营销顾问运用这种按结果付款的策略，是因为他们对自己的能力完全有信心。对于客户来说，这种策略能够彻底消除他们的心理障碍。如果商家能帮助我增加利润，那么分给他一定的利润也是应该的，否则我就一分钱也不用付给他。

如果你对产品的使用效果非常有信心，能以有效的方式追踪使用结果，而且确保客户值得信赖，那么这一策略使用起来效果相当不错。

以上六种保证方式，可以令你的产品销售更加迅速。但是你一定要知道，一旦给客户提供承诺，并且实施风险逆转，那么就必须详细地描述，让客户清楚地了解这些风险逆转策略对客户来说意味着什么，这样才能让承诺发挥作用。

下面是一个让承诺发挥作用的案例。

保证两年的使用寿命！

没错！你可以在两年之内随意使用这种神奇的闪光火花塞，所有风险都由我们承担。对于冲击力，新的驾驶抖动程度，突破节油系统，这一切都进行了整整一个月的测试！

（1）火花塞会让车子每加仑汽油多行驶 9 公里——否则，全部退款！

（2）火花塞可以给予车子 31 倍的动力——否则，全部退款！

（3）作为额外担保——这些火花塞将在两年之内一直持续在动力、功效和节油方面发挥作用——否则我们会给你一个完全免费的新的火花塞！

下面这个案例，或许能让我们更好地体会到承诺的作用。

……魔力英国肥料小球……每 144 个小球仅售 2.98 美元……每块土地平均只需要 1 到 2 个肥料小球。这意味着每块土地你只需要花几美分，就可以获得鲜花绽放的美丽效果！

我们百分之百对你做出承诺，你所要做的，只是下周就开始申请购买小球……

使用该产品，创造超级绚丽的花朵！在你的八仙花、鱼尾菊的种植土壤中放入一粒肥料小球……就可以获得鲜花争艳的效果！如果你在短短几周之内没有看到鲜花奇迹般的生长状态……如果你没有看到新的鲜花从旧的土壤和枝干中生长出来——我们全额退款！

利用它们创造超级植物吧！短短几周，就可以收获巨大的鲜花，惊人的艳丽……让家人看到甜美的、多汁的、嫩嫩的蔬菜——如果没有效果，全额退款！

是的！在你花园的每个角落都使用这种肥料吧！使用它们，可以让土地长出你曾经想放弃的植物和花朵！使用它们，种植你想看到的植物！甚至是在沙地中使用，也可以让你的朋友们大吃一惊！他们甚至不会相信英国人的最新发明能创造出这种奇迹……如果花园没有在短短的一个月中让朋友们惊讶——请将肥料的空包装袋寄回——我们会全额退款！

# 扼杀成交过程中的“凶手”

可以这样说，拖延是成交过程中的第一大敌人。客户不会看到你的“马上订购”提醒就会立即行动，客户的真实想法是尽可能下次再购买。但是，“下一次”对于我们来说，很可能意味着永远不会成交了。绝大多数情况下，如果客户想到“下一次”，就意味着永远不会有下一次了。

在销售过程中，要极力避免出现这种情况，同时必须“扼杀”这个成交的凶手。

人类本性中具有巨大的懒惰特性，这一点在人性十大驱动力中已经和大家说得非常清楚。我们在设计成交流程的时候，要利用这种人性，同时避免这些负面的人性特征影响我们的成交。

避免惰性，促使人们立即行动，最好的方法就是制造紧迫感。一旦客户认识到如果现在不采取行动，那么机会就永远不会再降临到他们头上的时候，客户马上采取行动的概率将会增加好几倍。

比如一家英语培训机构在销售文案中这样说：

“我们的目标是一丝不苟地教会学生掌握英语。为了保证授课的质量，我们不能毫无节制地招生，因此在一个月期间只能接受有限的学生。非常抱歉，我们本月只剩下 5 个名额。”

如果你在寻找高品质的英语学校，这一限定条件应该能打动你，这就是由限定时间和数量带来的紧迫感。

这里有一个需要注意的关键问题，就是要为“限定”找到依据。

在这个英语学校招生的例子中，是因为“想要保障授课质量”。在此基础上进行人数限定，那么这个限定本身就产生了价值。如果说是“紧急”的话，就要说明其中的理由。没有理由的紧迫性仅仅只是煽情，其结果就是失去别人的信赖。

还有一个例子，是笔者经营的互联网推广服务的案例。

笔者从事销售文案策划服务，如果与什么客户都合作，那么客户在心理上就会感觉到随时都可以来和我们合作。为了避免客户拖延，制造紧张感，在这个过程中，笔者就做了一些限定，即每一个行业，在指定区域，我们只服务于一家企业，不再和客户的竞争对手进行合作。设置这个限定也就意味着，如果你的竞争对手和我们合作，那么我们之间就再也没有机会合作，从而督促客户马上和我们进行深入的交流。

人为什么会冲动地付钱呢？就是因为觉得“必须要现在买”，而且“如果现在不买的话，可能就再也买不到了”。人们总是在感性上觉得需要，在理性上来为自己购买寻找理由。

钻石的价格为什么如此昂贵？因为钻石是稀有的矿物。为什么邮票中的一张猴票可以卖到几十万元？就是因为留存下来的猴票非常少。

如果钻石能够在世界上任何地方轻松地寻找到，价格就不会如此之高了。人们争相收藏的，往往是那些绝对数量少、有期限限制的物品。在物品十分充裕的情况下，则会出现“任何时候都能得到”“任何时候都可以买到”的心理，也就不会再关注这些物品了。

但是，在有数量或者时间限制的情况下，就会出现“如果现在不行动的话，就可能丧失机会”的想法。在这种情况下，买方的选择权会受到限制，他们就会更加重视这个物品或者产品。本来属于自己应有的权力被限制、被取消的时候，人们会处于不安的状态，这时人们就会期望将稀有的东西、被限定的东西弄到手。为了改善这种不良状态，心理学中称之为“稀缺性原理”。

几个劫匪把一群人控制住，领头的劫匪对这群人说：“我打劫有一个规矩，第一个交钱的只收100块，第二个收150块，第三个就要200块了。依此类推，早交早划算！”于是人们争先恐后地排队交钱，相互推搡。劫匪们一边收钱一边维持秩序，后面交钱的还恳求劫匪是否可以给一些和前面一样的“优惠价”。事后排在第一个的人说：“我今天太幸运了，只损失了100块！”

这个故事很可笑，但人性总是趋利避害的，当发现有便宜可以占的时候，大家的潜意识里就会产生冲动。如果这个时候告诉他，这个便宜不沾马上就没有了，他将立即失去判断能力。

人们总是不想放弃他们即将失去的利益。

每当选择有限或受到威胁的时候，人们想拥有一份稀缺品的渴望就会变得越来越强烈。稀缺使得任何产品或服务的价值陡然增加。稀缺可以促使人们采取行动，因为害怕错过机会，所以人们会迫不及待地采取行动。

——《最大的影响》 库尔特·W. 莫特森

几年前，心理学家在儿童身上做了一项研究。他们把孩子带进一个用低矮的有机玻璃屏障分隔开的房间，在有机玻璃屏障两边都放置了玩具。如果孩子们愿意，他们的身高足以让他们够得着屏障另一侧的玩具。在这种情况下，孩子们并没有对远在玻璃屏障另一侧的玩具表现出兴趣。

几天后，心理学家设置了同样的场景——同样的儿童，同样的玩具——但这一次他们增加了有机玻璃的高度。现在玻璃的屏障太高了，孩子们根本够不着玻璃另外一侧的玩具，那么结果会是什么样呢？

在这种情况下，孩子们对有机玻璃另外一侧的玩具表现出了异常浓厚的兴趣。

换句话说，他们想要的是他们不可能得到的东西！笔者告诉你，这就是人性……人类的天性！

下面的广告语经常出现在商家的促销信息上。

“限时甩卖，过期不候！”

“清仓大处理！”

“凭邀请函购买。”

“限售 10 个。”

“仅限先到的 10 个名额。”

“歇业大拍卖！”

“仅限 ×× 小区业主。”

“本公司专营商品。”

“订购日期截至 × 月 × 日 × 时。”

在整个促使成交的过程中，限时、限量、限地点是增加客户紧迫感的绝佳手段。

还有一个非常重要的提醒，就是策划紧迫感来促使客户行动的时候，最好能够将“行动所能带来的收益”表述清楚。

就像笔者提供销售文案策划服务，对客户有什么样的好处呢？好处在于我们每个行业只服务于一家企业。也就是说，当地只有一家企业能够享有高质量的销售文案策划服务。如果客户不立即询价，就可能失去机会，即使以后想要申请也申请不了，这样就能够在那个时间留住客户。

在策划“紧迫感”的基础上，加上“呼吁行动”的好处，就会促使客户行动的欲望立即高涨起来。

## 如何令行动更加轻松简单

方法是把它做得简单、容易而又具体。

现在一切准备妥当，无论你要求客户采取什么样的行动，都要尽可能使这种行动既简单又容易，并且行动很具体。

请问一下自己：“当人们阅读完我的销售文案的时候，我想让人们做什么？想让人们如何做，在哪里做，以及什么时候做？”

下面是要求客户具体行动的清单，罗列了促使人们快速又容易采取行动的要素。

◎准确的地理位置——“第 48 大街第五大道 600 号”。

◎清晰可见的联系方式，以及打电话联系什么部门或者哪个人。

◎楼层号码——“三层套间”。

◎如何到达公司或公司所在地点——“地铁二号线，街道口站 B 出口前行 300 米，×× 楼 ×× 层 ×× 号”。

◎一份百度地图，在上面标明具体位置。

◎告诉大家哪些区域可以提供免费送货。

◎当人们订购纺织品的时候，提供“如何测量”的说明。

◎当人们通过电话订购一定数量的商品时，明确应该说什么。

◎提供分期轻松购物计划的全部细节，促使人们立刻做出有利的决定。

◎“如果你明天无法来我们店里购买这个商品，那么你可以使用邮购优惠券”。

◎商店准确的开门时间和关门时间。

如果你在商品的风格、颜色、样式或者设计方面为人们提供选择，那么就要尽可能地将选择设计得简单一些。要知道，当一位顾客在互联网另一端犹豫不决，不知道如何做的时候，潜在客户会变得很困惑，觉得他们面对这么多选择，必须要仔细考虑一下。考虑来考虑去，最终的结果就是什么都不买。

**提醒：** 积极的行动 = 强烈的欲望 + 紧迫感

# 最后附言的秘密

附言是成交过程中的一个重要环节，但是绝大多数销售文案创作人员会忽视它的作用。根据笔者的经验，恰当的附言至少能够增加三成的成交量，这一点笔者有绝对的信心。

附言部分发挥的作用就是临门一脚，提醒快要成交的人最重要的信息。在互联网上，人们经常是看了标题之后，就会快速浏览你的销售页面，这个时候，附言也是经常被提前阅读的部分。

## 附言的六大作用

从成交过程来看，附言至少有以下六大作用。

（1）再次提醒机会不可错过，错过即将触发警报。

这是最经常用到的一点。告诉客户现在再不行动，将会有更大的损失。在最后环节善意地提醒这一点，很多客户的行动力会急剧提升。

（2）提醒现在不行动，将会走向黑暗（地狱），立即行动将拥有光明的梦想（天堂）。

如果说第一点是告诉客户再不行动就会有损失的话，这一点就是告诉客户现在灰暗的生活和得到产品之后的生活会有什么样的不同。将客户带入一个二选一的环节，可以轻松地将客户逼入成交的环节。

（3）提醒行动赠品以及赠品数量和时间限制。

这是再次提醒客户，不要轻易错失本该得到的好处。刺激客户人性十大驱动力中的贪婪本性，这一招非常有用。

（4）提醒并强调保证。

这一点着重消除客户成交的顾虑，这是成交过程中比较难解决的棘手问题。但是在最后环节再一次提醒，有助于帮助客户消除内心的恐惧。

（5）介绍一个惊喜的好处。

这一点是很少人会用到的帮助成交的绝佳手段，神秘的礼物总是令人们内心抓狂。顾客经常会猜想你到底能给些什么额外的好处，记得下次成交的过程中试一试这个方法。

（6）提醒现在赶紧行动，行动起来很简单。

提醒行动很简单，这也是十分必要的。简单是快速行动的前提条件，特别是在互联网购买产品，人们总是有很多的顾虑，但是现在告诉他只需要简单的行动就可以得到这些，客户的行动力就会急剧上升。

这些作用在一篇销售文案中不需要每一条都用到，选择其中最适合自己的 3 条左右，威力就已经非常大了。

下面是一些成功的销售文案用到的附言案例，大家可以作为参考，有些可以使用在自己的产品上。

## 有效的附言案例

学习的最好方式之一就是研究案例。这里为大家介绍四种附言的例子，一些是笔者自己创意的，还有一些是其他销售文案撰稿人设计的。

当你坐下来创作销售文案的时候，下面的这些例子将会给你很多启示。

特别提醒 1：我们推出这个促销活动的状况

在决定发布这封信之前 3 天，我们已经和潜在客户进行了联系，已经有 4 位朋友购买了我们这个套餐，所以对你来说，现在不是只有 50 个优惠名额，而是只有 46 个了。甚至在你看到这封信的时候，名额正在逐步减少。赶快行动吧，抢占属于你的财富机会！

特别提醒 2：技术支持方面

使用系统最关键的是有技术支持的帮助，不能得到及时的帮助，使用起来将会很麻烦。我们公司分别在武汉、浙江、上海设立销售和客服部，你可以就近得到最优质的客服服务，并且可以申请专门客服人员为你服务。

特别提醒 3：如何最有保障地申请到前 50 个名额

因为印制的光盘数量有限，我的精力也有限，所以最终只能选择 50 名最先购买的用户提供赠品和一对一的语音指导。购买成功后，一定先预约时间，然后将你的项目情况、现在的运营情况都告诉我们的客服人员。我们的客服人员再结合双方的情况，安排具体的辅导时间。

特别提醒 4：这个信息对你很重要！

自邮系统一直在以每个月 1% 的平均速度涨价，如果你原来关注过我们，你将能够体会到，每次促销活动都是本次最优惠的价格，过了这次优惠活动，我们将不再以这样的价格销售。如果现在购买，可以这样说，你将享有我们以现阶段最优惠的价格购买系统的优惠权，享受我们后面的所有优惠政策。

这是笔者之前经营自邮平台的时候用到的附言案例，这个附言为产品的大卖起到了至关重要的作用。

下面的例子，是一些成功销售文案使用的附言，可以借鉴并参考使用。

**附言：**《如何战胜癌症》将会在很大程度上提升你的生活品质。这本书原价 50 美元，现在你只需花 29.97 美元，并且还有一年的退款保证。购买此书对你来说没有任何风险，另外，还会赠送你 5 个免费报告，你可以毫无顾虑地收下它们。现在就订购吧！

**附言：**不要错失良机，只需要花费 397 美元，你将发现这次的研讨会为你带来的价值将会是你投入的 N 倍。另外，登记的人只需花费 197 美元，还可以获得 2 个免费礼品，总价值 80 美元，现在就拨打电话吧！ 392-253162。

**附言：**《医生的自然康复指南》将会大大改变你的生活。这本书原价 50 美元，现在你只需要花费 29.97 美元就可以带回家，并且还有一年的退款保证，可以说你没有任何风险。另外，如果能在 10 天之内回复，你还可以毫无顾虑地获得 3 个免费报告。马上订购吧！

**附言：**现在开始行动并拿走你的礼品！为了更好地向你推荐《家庭自然康复》，我们愿意给你提供一本小册子——《减轻疼痛》，帮助你通过身体的自我调节来减轻日常生活中小的身体疼痛。无论你是否购买我们的《家庭自然康复》，这本小册子都是免费送给你的。数量有限，请赶快行动。今天就把随信附上的卡片邮寄出来吧。

**附言：** 记住，这个 16 美元的半价活动只在 10 天之内有效，之后你必须支付原价 32 美元。不要错过机会，马上准备行动！

**附言：** 现在不必支付一分钱，如果你对 Exer-stik 不是很满意，30 天之内退回来，你不欠我们任何东西。

**附言：** 半价是我们有史以来最低的折扣，可能再也不会比这更低了，所以请不要错过这个机会。今天就把你的订单邮寄出来，谢谢！WJG。

**附言：** 购买这本无与伦比的《大英百科全书》，我想你会发现团体折扣计划是你所见过的最便宜的方式。

**附言：** 获得这本正版书，49.95 美元的免税价格已经很便宜了。毫无疑问，一旦你收到它，就可以高枕无忧了。

**附言：** 重要的税额优惠，正如 EAR7H-WATCH 贡献社团一样，会员是免税的。同时注意，你可以把你的捐款记到你的信用卡上。

**附言：** 如《1986 年税制改革法案》所规定的，高级管理人员的折扣价是免税的，见第 75 页。

**附言：** 你可以把这本《企业模式全书》记在美国运通、万事达或威萨信用卡上。如果退回这本书，你将会立即收到信用卡或现金退款（外加邮费）。所以，这对你来说真是一个零风险的买卖。

**附言：** 如果从一开始，《小型企业节税》不能把你的税额返还到你的口袋中，我们将全额返还你的订阅费。这是我们的承诺，并且你可以同时保留这本价值 24.95 美元的《小型企业节税》。

**附言：** 如今到处充满了咨询的机会，这本霍华德 • 申森（Howard Shenson）的《成功咨询指导》，可以帮助你更好地利用这些机会。

今天订购这本书，我们将为你提供独一无二的一整年退款保证。

**附言：**不要忘记我们的保证——任何时候，如果你感到不满意，尽管告诉我们，订阅费中未使用的部分将会立即返还给你。

**附言：**不要等到卡片上的截止日期快要到的时候再急忙行动，我们保证你肯定满意，你会有什么损失呢？拨打免费电话1-800-228-9055。

**附言：**记住，为了鼓励奥马哈牛排的第一次消费，你还会——完全免费的——获得一个盐瓶或胡椒粉磨粉机。即使你不想立即订购这个美味——细嫩的奥马哈牛排，这个胡椒粉磨粉机还是会免费送给你的，请读读随信附上的相关说明。

下次你坐下来准备写一封销售文案的时候，先读读这一章内容，选择一个附言的种类，然后写一个令人振奋的附言，相信你的销售额将会创下前所未有的高度。

# 第八章

# 创作好莱坞般的故事

# 会讲故事，世界都听你的

你有过这样的经历吗？你经常能够记住一些电影的故事情节，虽然电影里面人物的名字你可能记不太清楚，但是整个故事情节牢牢地印刻在我们的头脑中。

这就是故事带来的力量。人对故事是无法抗拒的，一旦有一个精彩的故事，人的大脑就会被这个故事深深地吸引。

当人们在听故事的时候，他们潜意识的闸门是打开的。这个时候，人们就会被故事里面的剧情、情绪感染，然后深深地印刻在大脑中，故事里面的观点也会被潜意识接收。

2009 年，笔者经营的自邮平台在销售上面临巨大的困难。大多数客户都没有接触过欧美国家的营销理念，对数据库营销和直效营销都处于懵懂状态。笔者研究过销售文案之后，创作了一篇销售文案，产品和服务获得了大卖，奠定了公司经营的基础，这篇文案就是利用一个故事来吸引人们的。

1991 年的时候，杰夫·保罗还是一个无家可归、身无分文的彻底失败者，信用卡上有 10 万美元的财务赤字，他与老婆、3 个孩子住在姐姐家的地下室里。

有一天，他突然发现了一本 1931 年出版的古董书，书中介绍了一种极为简单的赚钱方法。使用这套不可思议的赚钱方法，杰夫开始快速赚钱。到了 1992 年，他每个月的收入达到了 5 位数，而且全部都是自动汇入他的银行账户的。此时的他，每天都穿着睡衣待在家里……

凭借这套技巧，杰夫在2个月内就摆脱了银行债务，并且快速成为在家工作的百万富翁——这是很多人梦想的生活。后来他把他的书《如何穿着内衣坐在厨房桌边每天轻松赚钱》——销售给了15万人。这些人当中，很多人也成为在家工作的百万富翁，他们使用的都是杰夫传授的方法。

他现在发展出来的技巧，简单到只要你会写Email就可以赚钱！很多人向杰夫支付8 000美元/天的费用来向他咨询，或是掏5 000美元来参加他的研习会。

杰夫是如何做到的呢？下面告诉你。

杰夫在本地的日报上购买廉价的分类广告位，差不多一个分类广告仅几美元，就可以登一期或者一个月。然后他在自己的分类广告中打上自己的小广告，小广告里面不是推销自己的产品，而是在广告中写赠送免费信息。

比如说杰夫现在正在推销厨房用的刀具，那么他会在本地报纸上刊登一个小广告，广告上面只有十几个字，上面说"免费赠送《如何烹饪出美味的家庭美食》"。广告下面留下他的联系方式。如果有人感兴趣，就会打电话给他索取免费资料，结果杰夫收到大量电话索取免费资料。

他向这些留下联系方式、邮寄地址、姓名的顾客发送系列知识的信件，比如在第一封信件中写要想烹饪美食，一定要在加工美食之前的工序，如切和削上下功夫。第二封信写如何切削得好又不浪费力气，同时又不造成身体的损伤，那就要使用好的刀具。第三封信写好的刀具要满足三个标准：第一个标准一定要是名牌厂家生产的；第二个标准是要有好的客户反馈和口碑；第三个标准是有良好的售后服务。第四封写好的刀具有哪些，提示市面上只有ABC品牌能做出这样好的刀具，如果有兴趣向我购买的话，市场价300美元，你只需要支付 180 美元就可以了。

杰夫就是采用这种系列短信的方式，一封接一封地向顾客发送。顾客一开始可能想象不到刀具对他有什么重要意义，所以一开始收到的报告都是和餐饮有关的。接下来杰夫告诉他为什么刀具很重要，什么才是好的刀具，以及好的刀具从哪里购买。

渐渐地，随着信件一封接一封地发送，顾客对于刀具的兴趣和购买欲望也开始逐渐膨胀起来。最后杰夫进行价格促销的时候，很多顾客就冲动地下了订单。杰夫通过系列信件对顾客进行很好的信任培育，以及购买欲望的培育，最后在信件的末尾附上促销广告，从而实现销量猛增。

这听起来很容易，不是吗？下面是杰夫·保罗努力的结果。

通过这个简单的方法，杰夫从欠债 10 万美元，只能租住姐姐的地下室，转变为每天在家就能挣 4 000 美元，而且这些收入都是来自他那不起眼的邮购业务。从他开始采取这种方法赚钱，到实现这一目标不过才花了几个月的时间。

这个故事跟互联网营销有什么关系呢？笔者也曾经问过自己同样的问题。毕竟杰夫是身在邮购界，这是一个完全不同的舞台，那么我们应该如何和互联网这个大舞台联系起来呢？

这则故事令很多做生意赚钱的人非常感兴趣。从这个故事中，传达出一些营销的理念和方法——就是持续跟进客户的力量。后面再接着讲罗伯特·艾伦通过跟进客户获得巨大收益的案例。

案例中杰夫·保罗通过分类广告和顾客来信收集了大量的客户邮寄地址，然后通过跟进的方法为后面的销售打下了坚实的基础。从案例中大家可以知道，在互联网上成交，并不是通过一次广告就可以成功的，最好的成交需要持续不断地跟进客户。自邮平台的核心功能就是持续地自动化地跟进客户，解决客户信任的问题，从而达到与客户成交的目的。

好的故事可以让人们的潜意识打开，然后在不知不觉中植入观念，接受你传递给他的价值观念、信念信心和你的诉求点，以及客户目前遇到的抗拒点，这就是故事的力量。

讲故事可以影响听众，激发客户的情感，但不要让他们感觉你太急功近利，最好能让他们忘记你是在销售。

## 如何创作好莱坞般的故事

在创作销售文案的过程中，为自己的品牌或者产品设计一个令人难忘的故事，可以加快客户对我们的产品的认可，并且可以对客户进行正确的价值观引导，为产品销售奠定良好的基础。也可以把故事制作成微电影、短片、录音、文字等，放在网站或者微信公众号中。

大家经常去电影院看电影，如果你仔细观察，就会发现好莱坞出品的电影，每一部都非常精彩，故事情节总能深深地打动每一位观众的心。

通常好莱坞创作剧本的时候，会分为以下三幕。

第一幕：开始（是什么？）

第二幕：中心（如何展开？）

第三幕：结尾（结果怎么样？）

我们以《灰姑娘》这部电影为例来进行分析。

**第一幕：**善良的灰姑娘和他的父亲生活在一个庄园里面，虽然母亲早已去世，但是他们还是非常幸福地生活着。

父亲由于寂寞，娶了一个寡妇为妻，同时带来了两个姐妹。一起生活不久，父亲要出去很长一段时间。但是很快传来噩耗，父亲遇到意外不幸去世了。

父亲去世后，继母对灰姑娘非常苛刻，吃饭穿衣都是最差的，经常被当作佣人使唤，还被赶到阁楼上去住。虽然住在阁楼上，但善良的灰姑娘反而过得非常开心，甚至和阁楼上的小动物们成了好朋友。

图 8–1 《灰姑娘》电影海报

**第二幕：**国王要举行一个为期三天的盛大宴会，邀请国内所有漂亮的姑娘都来参加，好让他的儿子从中挑选一个作为未婚妻。

继母的两个姐妹听说她们也被邀请参加，非常高兴，忙喊来灰姑娘，吩咐她说：“赶快给我们梳头，给我们擦鞋，给我们缝好皮带扣环，我们要去国王的宫殿里参加宴会。”灰姑娘按照她们的要求做了。

但是灰姑娘还是忍不住哭了，因为她也想去参加舞会。灰姑娘把妈妈原来留下的旧衣服改成晚礼服，恳求继母准许带她一起去。

继母想让自己的女儿选为王子的未婚妻，所以非但不同意灰姑娘一同前往，还将她的衣服撕烂，把她留在了家里。

等到她们都走了，灰姑娘一个人伤心地在后院发呆，这时候圣母娘娘出现了。她将善良的灰姑娘变成了一位漂亮的公主，并且带她前往王宫参加宴会，不过提醒她必须在午夜的钟声敲响之前回到家中，否则一切都会变回原样！

宴会上，王子被这位漂亮的公主吸引，不断地邀她跳舞，忘记了所有的姑娘。在午夜钟声快要敲响的时候，灰姑娘不顾一切地往回赶。当她登车时，由于过于匆忙，将穿的一只水晶鞋掉在了地上。

王子对灰姑娘念念不忘，带着水晶鞋到全国各地去寻找灰姑娘，但是没有一个女人可以穿进这只鞋。国王的卫队来到灰姑娘家中寻找，继母将灰姑娘锁进了阁楼，只让她的两个女儿去试穿水晶鞋，想将机会留给自己的女儿。

这两个女孩儿怎么也无法穿上水晶鞋。正当寻找灰姑娘的队伍要离开时，阁楼上传来了美妙的音乐声。王子感到非常好奇，他奔上阁楼，终于发现了灰姑娘。

**第三幕：**王子继承了王位，和灰姑娘过上了甜蜜幸福的生活。

好莱坞电影故事一般都是由“是什么”“怎样开展”“结果怎样”这三幕构成的。第一幕是开始部分，第二幕是中心，第三幕是结尾，这是所有故事的基本结构。

当然，中心部分同样会分为不同的小环节，这些小环节都由不同的障碍组成的，分别为障碍 1、障碍 2、障碍 3。

《灰姑娘》这个故事，在第二幕中的障碍有以下几个。

障碍 1：继母将灰姑娘的衣服撕烂，将她锁在家中。

障碍 2：午夜的钟声。

障碍 3：试穿水晶鞋。

好莱坞故事完整的演绎结构如下。

（1）开始部分：现状、变化、问题（主题）。

（2）中心部分：障碍 1、障碍 2、障碍 3。

（3）结尾部分：走向新的开始。

# 创作好莱坞故事的步骤

## 第一步　设定开头和结尾

创作故事，要明确开始是什么，故事的结尾即结局怎么样，然后开始构思整个故事的结构。

例如：

是什么：原来自邮平台被很多竞争对手打得快要倒闭。

结果怎么样：同原来相比，竞争对手纷纷离场，只剩下一家独大！

这样就可以演绎出一个故事。

只要“是什么”和“结果怎么样”十分明确，听众就会产生疑惑，“为什么会出现这样的结果呢？”“如何实现的呢？”那么演绎下去，这个故事就会非常吸引人。

如果这两点不是很明确，听众就会说，“我不明白你要说什么”“不知道你为什么要说这些”，等等。

## 第二步　设计第一幕

以现状、变化和问题激发听众的好奇心。

第一幕当中必须的要素是“是什么”，也就是要设定主人公，明确听众，明确故事是讲给谁听的。

现状：主人公现在的状况。

变化：引起变化的事情和解决对策。

问题（谜）：一句话直截了当地引入故事。

下面还是以《灰姑娘》为例进行说明。

现状：灰姑娘和他爸爸幸福地一起生活。

变化：爸爸娶了继母，而且爸爸遇到了不幸。

问题（谜）：继母虐待灰姑娘，以后的生活会怎么样呢？

第一幕是故事情节的一个铺垫。往常意义的日子（现状）某一天发生了变化，以这个变化为开端展开故事情节，故事一般从问题（谜）展开。

人们喜欢观看高潮之前的解谜部分。例如自邮的故事。

现状：持续研究互联网，开始接触国外先进的互联网营销理念，开发自邮平台。

变化：开发出来以后，有很多人掏钱购买。

问题（谜）：竞争对手大量出现，销售能力很强，自己熟悉的客户已经开发完毕，订单急剧下降，还可以持续经营下去吗？

以这样的方式抛下一个很大的谜，听众就会非常喜欢听。

## 第三步　设计第二幕

第一幕的作用是尽可能地吸引观众。接下来的第二幕，故事的中心部分，要为主人公走向结尾布置障碍。这样听众听起来就会感觉非常有趣，剧情也会跌宕起伏。

障碍 1：继母将灰姑娘的衣服撕烂，将灰姑娘锁在家中，灰姑娘无法前往王宫参加宴会。

障碍 2：午夜钟声敲响之前灰姑娘必须赶回来，有可能之后再也无缘见到王子了。

障碍 3：试穿水晶鞋，继母将灰姑娘锁进阁楼，令灰姑娘无法与王子相见。

障碍 1 解除：灰姑娘被锁在了家中，此时圣母娘娘出现，帮助灰姑娘变身，让灰姑娘有机会前往王宫参加宴会。

障碍 2 解除：午夜的钟声让灰姑娘必须往回赶，但是不小心丢下了水晶鞋，让故事留下悬念。

障碍 3 解除：躲在阁楼上的灰姑娘唱起了美妙的歌曲，打破了这个障碍。

再来看看笔者设计的经营自邮平台的故事。

障碍 1：因为经营困难，员工纷纷离职，合伙人也散了，运营艰难。

障碍 2：无法找到新的客户，而且不懂得营销，产品销售不出去。

障碍 3：无法扩大经营，随时有竞争对手的打压。

障碍 1 解除：继续打折销售，以维持生存。

障碍 2 解除：深入学习国外销售文案大师的训练课程，进行销售文案创作，成功开发出新客户。

障碍 3 解除：进行影响力运作，奠定行业地位，打败竞争对手。

## 第四步　设计第三幕

用一段话整体描述故事的结局，让听众觉得结局很完满，心理终于回归到新的正常状态。

设计一个好莱坞故事就这么简单。现在就开始设计自己的好莱坞故事，让你的客户被你的故事吸引，迷恋上你的产品和品牌吧！

# 第九章

# 创作你的销售文案

# 神奇的“你”字

在创作销售文案的过程中，要想抓住客户的注意力，一个绝佳的方法就是在销售文案中尽可能多地使用“你”这个字。

不要从商家自己的角度来说话，不要试图强行说服客户认同你的观点。说服客户认同你的观点是非常困难的事情，应该肯定地说出自己的观点，以及产品能够给客户带来的改变。

客户不关心任何你所说的好处，他们不会关心产品的特性，只关心你的产品具体能够给他带来什么好处，以及你的产品是否能够为他们带来变化。比如减轻或者消除客户的痛点，为他的梦境带来改变。要么你的产品能够使客户的梦境更加出彩，要么更快到达这个梦境。

在策划销售文案的过程中，你会发现开始使用“你”这个字眼的时候，客户的潜意识就会被这个字吸引，他们的接收装置就会打开，想听听你会说哪些关于他们自己的内容。

“现在就下订单，我将免费赠送一套《黄金文案模板》经典分析课程。”

如果改成：

“现在就下订单，你将免费得到一套《黄金文案模板》经典分析课程。”

对比以上两句话，你能感受到这两句话之间力量上存在的差别吗？初看似乎区别不大，但是“你”字的出现，让阅读者可以更认真地关注这句话。

“你”就像一个有魔法力量的词汇，也是一个迷人的词汇。如果你学会用“你”字和人们打交道，你将会更加吸引人们的注意力。

一般在使用一个“我”字的情况下，“你”这个字的使用频率应该在四个以上。现在就检查一下你的销售文案用了多少个“你”字，去增加这个字的使用频率吧！

# 绝对要重视小标题

大家都知道，让人们阅读一则销售文案的全部内容，这是很困难的一件事。有了令人注目的小标题，就可以吸引人们的注意力，让人们更快速地读完整篇销售文案，并帮助阅读者整理销售文案的思路。小标题还有一个特别重要的作用，就是在潜意识层面引导客户进入到成交环节。

## 引导客户阅读更多内容

小标题就像是一个个小台阶，可以吸引并引导读者一直往下阅读。当你的客户阅读了一些内容之后，一个个的小标题吸引着他不断地探求更多的信息，就像下台阶一样，不知不觉地往下看。如果只是长篇大论，人们就没有什么兴趣去看完所有的内容了。

之所以在小标题上投入更多精力，还有以下一些具体原因，同时这也是一些建议，帮助大家恰当地利用小标题，从而吸引更多的读者阅读你的全篇文案。

首先，小标题不仅仅是将文案主体内容分解开来，实际上，它们可以成为吸引力和兴趣的“升压站”。大家知道，从电力上来讲，升压站的工作原理就是把传送到它这里的电压增大，然后再送入下一站。一连串的升压站把电压提升到非常高的水平，从而完成线路末尾连接物件的重要任务。

在一则销售文案中，小标题也可以实现同样的功能。要使人们更彻底地阅读一则销售文案，让人们多阅读文案的一些内容，花更长的时间阅读长篇文案，这些小标题就必须作为“情节的一部分”，必须成为销售文案理念和结构的一部分。

实际的情况是，大多数时候，它们不是被完全忽略，就是作为一种插入性的补白。它们就像是“孤儿”一样，在销售文案写完之后，才被插到相应的位置，而不是在策划和撰写的时候就让它们参与进来。

## 为什么需要小标题

现在来分析一些细节。很多销售文案根本不使用任何小标题，现在我们就分析一下，为什么应该使用小标题。

（1）你的目标是尽你所能，让读者能够在阅读你的销售文案上花更长的时间，有更大的耐心阅读完你的销售文案。小标题会使你的文案看起来更有吸引力，让读者减少畏惧情绪。小标题可以吸引读者阅读更多的文案内容，使文案得到更高的阅读率和排名。很多排名较低的销售文案，都可以使用副标题来大幅提升自己的阅读率。

（2）较短的文案，即使是那些只有四五个段落，并且写得很好的销售文案，也可以使用一两个小标题来为其增色，在这一点上千万别犯傻。一项阅读量统计数据表明，人们的注意力和兴趣消失得非常快，使用小标题则可以使人们较好地保持注意力和兴趣。

（3）对于较长的文案，可以撰写一个三四行的引言，缩进排版（作为次标题），作为标题和文案主体内容之间的一个连接或过渡。这样处理可以增强趣味性，并且缩小二者之间的距离。

有很多读者，虽然已经被标题吸引住了，但是在瞥到接下来的长篇文案之后，很快就会失去兴趣。而这个起到连接作用的引言，可以让人们对文案接下来讲述的内容有更多的兴趣去了解，吸引他们去阅读销售文案的第一段。在整篇文案中，后面还要使用很多简短的小标题，这样就可以吸引读者把整篇文案阅读一遍。

## 如何让小标题产生更多作用

如何能让你的小标题产生更多的作用？如何让它们成为你的销售文案中的有效力量，发挥刺激和增强人们兴趣的升压站作用？下面是一些具体的建议。

（1）进入第一个小标题之前不要太啰嗦。有些销售文案会在第一个小标题之前写上三四个段落的内容，这样处理效果非常不好。

开头一两句简短的概括讲述之后，就可以写第一个小标题了。笔者在此建议大家多看一些阅读率的数据，你会很震惊地发现，人们的兴趣消失得很快——如果你长时间不进入主题，读者很可能就会放弃阅读了。

（2）如果你的销售文案内容非常长，并且出现上文列举的那些问题，你使用了一个引言来作为文案的次标题的话，那么一定要让它的第一句话与文案标题的理念或承诺保持一致。然后在它的最后一句话中，加入一些精彩的、具体的内容，吸引人们继续往下阅读。

引言的内容要与文案主体内容、消费者利益、有帮助的信息、满足好奇心、娱乐或者新闻等息息相关。先在引言中引出话题，然后紧接着在下文给出具体的内容，这样可以吸引读者一直往下看。

（3）以疑问句的形式撰写小标题，使读者对下文内容产生好奇心和兴趣。最好能提出一个人们想要得到答案的问题，一定要避免那种说明性的、自问自答的小标题，因为它无法吸引人们继续往下阅读。以一些有趣的问题开始，并且以为什么、什么时候、怎么样、哪一个、多少钱来开头，更容易激发人们的阅读兴趣。

（4）在一些广告中，你可以把自己的小标题做成一个循序渐进的系列，即文案主体部分是完整的销售故事，而小标题系列则是一个概括大纲。这样处理，会吸引读者一直跟着你阅读完整篇文案。这时的小标题就像一种“工具”一样，帮助增强销售文案的力量，引导读者采取你希望的行动。

（5）把小标题与文案的理念和结构结合起来，不要在整篇销售文案都写完之后，再像洒水一样随意地添加几个小标题。小标题的作用，应该是把各种购买理由连接起来。之所以要用小标题，是为了把文案故事讲述得更好，而非只是一种无用的装饰。

（6）有时，你可以把几个最重要的销售卖点用小标题的形式突出出来。用小标题概括销售文案的主要内容，对于那些不细看销售文案内容，只是快速浏览一下摘要的读者来说，也能够看懂或明白销售文案的中心内容。

（7）有些小标题只是将之前段落中的信息总结复述一遍，这样做是没有任何意义的。相反，应该把每则小标题都写成“新闻导语”，简要概括出文案下一个段落或部分的核心内容，用小标题来吸引读者不断地往下阅读。

（8）要把小标题做得很突出，它们的字体要与文案主体内容的字体区别开来，并且字号也要更大一些。如果无法把它们与文案主体内容区分开来，那么其中一个目标——把销售文案分解开来，使文案更有吸引力，让读者有阅读的欲望——就没有完成。

使用小标题的另外一个目的，是保持和增强读者的兴趣。如果小标题不突出的话，就无法引起读者的注意，那么也就不可能使读者产生阅读的兴趣了。

（9）大胆利用小标题，使之足够显眼，足够吸引人。不必担心造成整篇文案参差不齐、不匀称或者不美观。

记住：你的销售文案并不是打造一件艺术品，而是努力达成交易。只有让人们更深入地阅读你的销售文案，才能得到更高的销售额。

讲到这里，大家应该明白，小标题之所以未被重视，是因为有关它们的论述非常少。实际上，只要策划和利用好，它们可能比其他任何因素都更能发挥有力的作用。

## 把你的词汇变成强力词

强力词汇直接通向客户的潜意识，不需要多加解释，也不需要过多的语言描述，一看就会明白，而且能够使客户产生冲动感。

大家可以在产品介绍中植入一些不留痕迹的指令，它们会几乎不被察觉地进入到客户的意识，甚至是直接进入潜意识。

举例：

| 软弱词汇 | 强力词汇 |
| --- | --- |
| 节省成本 | 便宜 |
| 有负面影响 | 伤害 |
| 最理想的 | 最好 |
| 优先选择 | 最佳的 |
| 风险管控 | 安全 |
| 升级 | 增加 |
| 方便的 | 易用 |
| 大有改善 | 显著 |
| 可信赖 | 可靠 |
| 解决 | 破解 |

下面是一些销售文案创作过程中经常用到的强力词汇：

现在下单、立即购买、如此轻松、马上投资、立即抢购、问自己、读这个、想象这个、半价、记下来、大酬宾、全新的、亲密的、限期发售、超低价、大甩卖、试用价、免费、免 ×、惊喜中奖、无风险、免费试用、不贬值、有钱拿、推迟付款、尝一下、试一下、绝对保证、世界级、绝对无风险、全年担保、终身保用、马上退款、把握机会、质量可靠、值得信赖、友善服务、彻底突破、环境安全、新品牌、新上市、一生一次、返利保证、安全下单、免税、隔天送到、免费送货、提前下单、赢大奖、先睹为快、超级重量。

停止、事实、警告、赚钱、省钱、增值、旺销、提薪、提职、轻松、清债、便宜、提前退休、成功、美丽、出名、长寿、健康、无痛、提升能量、秘诀、成为专家、令人振奋、在家工作、严重失策、受欢迎、出名、找到爱、结婚、有魅力、性感、省时、增加时间、顶级人生、实现目标、学会技能、胃口大开、生津止渴、快速赚钱、零投入赚钱、零风险赚钱、自由、无争辩、超级赠品、得到快乐、揭秘、交朋友、安全、轻易。

改变人生、解决问题、改变习惯、感到快乐、非同凡响、感觉机灵、感到自信、大获成功、感觉重要、感到爱、充分、严重、非常大、简单的、宁静放松、满足需要、快易通、马上有效、不可思议、用户至上、垂涎、专业员工、磁性标题、全天然、铁的事实、炙手可热、羡慕、敬仰、追捧、精英、不仅如此、新版、信息全面、必须、现金、手工、珍贵、罕见、只收成本费、工艺状态、细致入微、毫不谦虚、享誉全球。

零投入、心动、重量级、独特、神奇、食用安全、小而精、惊人、会员专用、难以置信、幕后、时尚、一等品、流芳百世、快速赚钱、振奋人心、便捷有益、别错过、精选、特别关注、送货快捷、安装简单、度身定做、自动、革命性的、请勿寄钱来、捷足先登者优惠、特意邀请、魔术师、技术、狂笑不止、心甘情愿、一切、高薪、股权、奇迹、赚钱、赚钱机器、轻而易举、可观的、钞票、财富、极短的、大把大把的、

30 万元、50 万元、100 万元。

并非如此、独家的、想都不敢想、无法相信、炫耀、毫无疑问、最智慧、忐忑不安、成就、闻所未闻、休眠的火山、喷发、壮观、心旷神怡、高达、无论如何都没有想到、天才人物、高手、无穷的魅力、改变我们的命运、战略联盟、天翻地覆、茅塞顿开、做梦也没有想到、如法炮制、匪夷所思、深信不疑、竟然、最有影响力、每战必胜、成交高手、影响力飙升、收入增加、完美、超级畅销、转折点、机遇和财富、疯狂地创造、尽情享受、石破天惊、必然、优秀的、领导、创业者、欣喜、任何时候、年薪 10 万元。

惨淡经营、濒临破产、销售奇迹、最投入、最着迷、最执着、独特人生价值、自信和魅力、彻夜未眠、亿万富翁、密道、无休止的争论、无地自容、举足轻重、营销专家、生平第一次、掌控自己的命运、随时可能、自由、畅快、平庸的泥潭、挣扎、虚度自己的人生、尊重、认可、幸福、急不可耐、遗憾的、快速突破、没有任何可能、幸运的、传授、百万富翁、兴奋的、疯狂的奔涌、毫无保留、完整的、系统的、快速的、窥视、量身定做、最密集、最系统、100% 专注、顶尖、绝对不投入、没有任何风险、瞬间、几何倍增、最有力、一定、不为人知、任何人、苦恼、受制于、快速实现、提款机、迅雷不及掩耳、重磅核弹、俯首称臣、最理想、坚决避免、断送。

免费宣传、商业自杀、设计巧妙、毫无阻力、最大限度、灾难性、创意巅峰、永远放弃、金山、非正常、毫无风险、铲除、确保、挫败、不知所措、挫折、磨难、成功、失败、利润的凯歌、新产品开发路线图、标准模板、必经之路、剔除、劳民伤财、拷贝、100% 赚钱、回报、更重要、从来没有看到过、最严重的错误、纠正的方法、数百万元的利润、仍在使用、半个世纪、市场检验、最有效的、可被反复模仿、最安全、最可靠、毫不夸张、不假思索、罗列更多、好消息、坏消息、不仅如此、代价、无法知晓、99.99% 的可能性、肯定、比零还低、三重保护、立即。

启动套装、套现版、高品质、从来没有、揭露、赚钱秘诀、高密度、史无前例、渗透、近千万、财富秘诀、秘密武器、营销武器、毫不犹豫、最佳手段、详细讲解、使用诀窍、设计技巧、操作秘诀、尽情地、无条件、全额返还、剖析、保留、现场、报销、慷慨、高价值、高收益、营销系统、逆转、无须承担、以前不可能看到、轻松赚钱、财富命运、人生境界、极大地提升、如此了得、自私的、无私的、一无所知。

高投入、低收入、解救、困境、特快专递、多赚 100 万元、激情和自信、告别一生、自由与富足、千万不要奢想、只能允许、立刻停止、绝无例外、最讨厌、今生唯一、威力巨大、核武器、瞬间摧毁、不言而喻、杀伤力、详尽、实施工具、制作要领、成功标志、注意事项、随时随地、复制成功、组装完毕、测试完美、秘密武器、免费拥有、极度疯狂、肯定喜欢、犹豫不决、显然、空想家、无法脱离平庸的人生、强烈要求、特别提醒。

## 使用正面短语，避免负面词汇

当潜在客户阅读你的销售文案的时候，他们发现用正面语言写成的文案比负面语言写成的文案更容易理解。如你所想，使用正面短语也可以让你的销售文案显得更加积极。

下面是几条正面词汇及其相应的负面短语。

| 正面短语 | 负面短语 |
|---|---|
| 赶紧 | 不要耽误时间 |
| 包你满意，否则退款 | 不满意就退钱 |
| 记住 | 不要忘记 |
| 现在就是……的最佳时机 | 没有比现在更适合去做…… |

# 迅速提升创作功力的八大技巧

## 1. 从写标题开始

要创作一篇销售文案，最为重要的是找到一个销售的诉求点。如果能够写出一个很好的标题，能够牢牢抓住客户的注意力，那么一篇文案的写作方向就基本确定了。由此可以看出，拟定一个好的标题，是写作销售文案的一个重要开始。

在写作标题的过程中，大家可以先拟出 5 ~ 10 个标题，然后从中选择一个最满意的标题。有了一个好的标题，那么写出一篇成功文案的概率将会大大提高。

## 2. 尽可能写出更多的文字

在创作文案的过程中，要尽可能地发挥大脑的想象力，尽可能写出更多的文字，将你能够想象的或者想写的文字全部堆砌起来。

有了足够多的文字，你就可以在以后的文案修改过程中不断地精简。

## 3. 尽可能让文字更简洁

能写出一篇精彩的销售文案，将是一个非常好的开始。如果说在上面写出的更多文字的基础上，能够减去一些介绍性的文字，或者评论性的语句，文案会显得更加完美。

或者将一句话尽可能地缩减，这样销售文案的文字将会变得更有力量。

举例：

他没有太多的钱→他没有钱

他是一个非常富有的人→他很富有

### 4. 要求行动

所有的销售文案，最关键的是要求对方看了之后立即采取行动。如果一篇销售文案没有行动力的话，那么这篇文案一定是失败的。

销售文案不在于长，而在于这篇销售文案能不能在人们看了之后立即采取行动，所以评判文案创作优劣的标准，就是尽可能达到人们看完销售文案之后立即采取行动。

### 5. 大声朗读自己的销售文案

大声朗读你的销售文案，这个方法可以让你发现原来没有发现的明显错误。

朗读是特别重要的一个写作销售文案的方法，在朗读的过程中，你的大脑将会以听者的角度去评估这篇销售文案的质量，这是一个非常行之有效的方法。

### 6. 请别人阅读销售文案并指出问题

请别人阅读你的销售文案，可以发现你发现不了的问题。如果说别人看完你的销售文案之后，能够为你提出一些改进的意见，或者提出尖锐的批评，那将是一个非常好的改进机会。

当初笔者在创作销售文案的时候，每一次写完，都会把销售文案拿给家人去看，然后请他们提出问题和不足。虽然他们都不是专业人士，但他们会从他们的角度提出很多有价值的意见，或者从消费者的角度提出很多问题和看法，这些问题和看法都可以给我们写作销售文案带来很大的帮助。

### 7. 参照优秀的顶尖销售文案

如果说你想在最短的时间内提高自己的销售文案写作能力，那么不断地去研读、揣摸那些顶尖的销售文案大师写出来的销售文案，然后不断地模仿他们，是一个非常不错的提升销售文案写作质量的途径。

如果说你对销售文案的框架、写作流程非常熟悉，在这样的情况下，笔者建议你去抄写一些顶尖大师的优秀销售文案。

不过有一点，如果你没有任何的写作基础，对销售文案也没有什么较深入的认识，那么还是建议你先系统学习销售文案的写作方法和写作流程，之后再去模仿或者抄写优秀的销售文案。

### 8. 坚持不断地创作

如果你能够坚持不断地写一些东西，那么你的大脑就会形成一个写作的思维，能够使你不断地爆发出新的写作灵感，或者找到一些新的创作思路。

## 让客户争先推荐你的产品

互联网上产品信息众多，可供客户挑选的产品同样也非常多。如果客户不购买你的产品，或者看了你的销售文案不采取行动，其中一个非常重要的原因，有可能是他们不相信你的话。恰当地提供产品见证和推荐，是驱散顾客疑虑的好办法。

一个好的证明应该是这样的。

我在三个月以前开始试用 ×× 产品。在刚开始使用此产品时，我的内衣是 A 罩杯，但是现在，我的内衣已经升到 B 罩杯了。现在即使是穿上宽大的衬衫，胸部也会凸显！

这是一个普通的没有经过修饰的证明书。其实笔者比较喜欢多添加一些真实人物的具体信息，以取得更好的证明效果。

如果下面一些因素可以添加在证明书里，可以使这份证明书更加真实和诚恳。

◎完整的姓名。使用完整的姓名并不难，不会有人去寻找这个证明书的作者，或者在大街上去指认这个人的。

◎写明职业、公司名称，这样可以增加证明书的可信度。或许写这个证明书的人是一名警察，一名律师，一位医生，这样可以使其证明更有力度。

◎注明年龄和性别。

◎添加联系方式，如电话号码、邮箱、QQ、微信。

◎附上作者的照片或者视频。

◎最好的见证方式是使用前后的对比效果证明，最好采用照片或者视频的方式。

如何让使用过的客户提供证明书呢?

如果你只是被动地等待，或者仅仅打一两个电话，客户就会主动地为你提供证明，那你还是赶紧清醒清醒。要让顾客为你的产品提供真实有效的证明，我们需要有特别的“措施”。

首先你的产品一定要好。好的产品，客户同意提供证明的可能性很大，因为客户很可能对这种产品心存感激。

同时可以尝试提供一些赠品。你可以利用邮件或者电话沟通，找到他们并现场录制，同时赠送一些特别的礼物给他们以表示感谢。

一定要提前准备好采访的提纲，或者是准备好稿子。如果客户不愿意拍摄或者录制画面，你只需要按照这个话术或者拿出稿子让他签名认可即可，这样也可以获得这个客户的推荐和证明。

## 设计销售文案的工具

创作销售文案，需要一段时间的酝酿和构思。这个时间可能非常长，所以需要配备一些工具，以便让我们的思路更加清晰和完整，也方便随时对文案进行修改。

人的灵感有时候是迸发出来的，这个时候需要迅速收集和整理，否则就会一闪而过，所以首先需要一个记录灵感闪光的工具。

这里首先推荐有道笔记。当你在地铁、公交车或者等人时，甚至是和别人谈话期间，你都可以拿出你的手机，立即打开有道笔记，把你的思路快速地输入进去。

类似的工具还有很多，比如印象笔记等，它们的原理都是一样的，只是笔者特别喜欢用有道笔记。这个软件没有任何同步流量的限制，而且电脑端打开后，同步手机的内容进行整理也十分方便。

其次，就是录音工具。如果不方便使用文字记录，或者你不喜欢用文字来快速记录，推荐使用讯飞出品的录音宝。录音宝可以快速把你想记录的内容录制下来，而且录音宝还可以将你的录音转变成文字，十分方便和简单。如果是在电脑上录制，建议安装讯飞输入法，这样边说话文字就出来了，非常方便整理想说的话。

再次，就是准备纸质的笔记本。很多重要的事情和观点，笔者都会写在纸质的笔记本中。一般笔者都会选择品质好一些的、价格高一些的笔记本作为备忘录。目前笔者使用的是 Moleskine 品牌的笔记本，大概 120 元。很多人认为就是做一个记录，用便宜一点的笔记本就可以了。但是从笔者的感受来说，价钱高一些的笔记本，它的纸张质量非常好，书写感受也非常好。特别重要的是，高质量的昂贵的笔记本，笔者会非常细心地将有价值的内容写在上面，也会特别珍惜和精心保管。

在这些珍贵的笔记本中记录下来的非常重要的资料，如果随便乱扔，内心就会产生扔掉的是赚钱秘籍的感觉，所以这样的笔记本笔者会特别精心地保管，并且会一直珍藏。

还有一个工具需要经常使用，就是思维导图，目前笔者使用的是 Mindjet。虽然说这款思维导图不是最完美的，但是它的多平台同步功能做得比较好，电脑、手机、平板电脑之间可以方便地同步，随时都能对文字进行整理，而且手机端都是免费使用的。

在创作的过程中，思维导图是整理思路的最佳工具。将销售文案的流程和思路在思维导图中进行程序化构思，然后补充相关的资料，一篇销售文案的框架就完成了。

# 第十章

# 经典案例分析

# 案例 1：美国音乐学院函授教程

图 10-1　约翰·卡普斯创作的音乐学院函授教程销售文案

这篇销售文案，你绝对想象不到是一个 25 岁的腼腆的大学刚毕业的男孩创作出来的。他那个时候刚刚从海军学院毕业，作为广告界一个尚未崭露头角的新人，他坐在打字机前写下了这篇非常成功的销售文案。

这位年轻的销售文案撰稿人叫约翰·卡普斯，生于曼哈顿，父亲是一名医生，母亲是位受过高等教育的女士。18 岁那年，他作为一名海军预备役人员进入哥伦比亚大学就读，但很快就退学了。一年后，胸怀大志的他进入海军学院服役。

在服役期间，他刻苦学习，立志报考安纳波利斯大学。经过不懈的努力，1924 年，他终于顺利地通过了考试，如愿以偿地在安娜波利斯大学就学。他学的是机械工程，而且学习成绩优异。在校期间，他还积极地为校刊《安纳波利斯日志》撰稿，并最终成为刊物的副主编。

一战结束后，美国海军大裁军，约翰不得不放弃海军少尉的头衔，改读电子工程学士学位。正是这个学历，使他今后得以服务于美国电报电话公司。但渐渐地，他发现这个工作无聊至极。

凯瑟琳·布莱克福特，一个早期成人就业指导的先驱，使他看到了希望。按照凯瑟琳·布莱克福特的服务标准，他不得不预付 25 美元酬劳，这在当时是一笔不小的数目。之后等了足足一个月，才接到凯瑟琳·布莱克福特的面谈邀请和书面报告。

凯瑟琳·布莱克福特用了满满五页纸来列举他择业前途的不利因素，最后的建议却简明精悍："我认为你不妨试试作家这条路。"约翰采纳了他的建议，考虑做广告设计。他儿时原本的梦想是做报社记者，这个职业当时赚钱要比其他职业多得多。

他报名参加了哥伦比亚夜校，学习广告原理与文案写作，第二门课对他来说受益匪浅。他在课堂上制作的文案，引起一家一流的邮购公司的注意，他因此以每周 25 美元的薪水受聘于这家公司。虽然这个薪水比他当工程师时少 6 美元，但他从此与广告结下了不解之缘。

1925 年秋天，那个时候报纸和杂志的邮购广告业务异常兴盛。在那个年代——其实和现在的互联网商业是一样的——在名目繁多的邮购领域中，人们最看重的是个人的完善与进步。在这方面，函授教程就像现在的互联网商业培训市场一样做得很出色。通过函授教程，你可以净化你的思想，学习新的语言，提高你的记忆力，学习跳舞，增强体质，掌握管理技巧和准确得当的交往礼仪，当然，还能学会弹钢琴。

约翰很喜欢他的新工作，而且他的领悟力很高。他第一个见诸报端的广告，是 1925 年 10 月 3 日为阿瑟·马锐舞蹈工作室制作的广告，标题是“一时的莽撞失礼如何使我名扬四海”。从那些早期的作品及其产生的影响中，他得出两条结论：人们非常渴望成名；他们总是希望找到一条捷径来达到他们的目的。

接下来，他受命为美国音乐学院的一个家庭自学教程写作销售文案。这个销售文案他一共写了四页，单行排版。最终这个销售文案的大标题吸引了读者：“当我坐在钢琴前时，他们都嘲笑我，但当我开始演奏的时候……”

当他把这篇文案写出来之后，一夜之间，他就成了人们关注的焦点。约翰·卡普斯迅速在广告界赢得了名声。

爱默森营销公司主席安迪·爱默森在 1978 年创立了卡普斯奖，以表彰卡普斯为培养颇具创造力的个人并使他们最终成材做出的杰出贡献。

**当我坐在钢琴前时，他们都嘲笑我**
**但是当我开始弹奏的时候……**

这个标题以一个极大的悬念引发人们的好奇心，从而引发关注，吸引大家继续阅读这则广告。

当这个标题推出来的时候，很多专栏作家写文章攻击他，认为标题不符合逻辑，但是又有很多广告文案撰写者模仿他，甚至照搬照抄。不能否认，这是一个非常成功的广告文案标题。

亚瑟弹奏了一曲《玫瑰园》，屋里所有的人都为他鼓掌欢呼！

我决定戏剧性地为自己做个开场演出，希望能让我的朋友们大吃一惊。我自信地走到钢琴前坐定。

“杰克又在耍他那套老把戏了。”一些人说道，并且开始嘲笑起来……

“他真会弹吗？”我听见一个女孩低声问亚瑟。

“上帝啊，他根本不会！”亚瑟大声说，“他从来都没有弹过，你还是盯着他看吧，这肯定是场好戏……”

在第一段，卡普斯制造了一个极大的悬念。一个原来在别人印象当中不会弹琴的人，却坐在钢琴面前，准备弹奏钢琴，那么肯定会引起很多人的质疑。这个质疑同样也会出现在阅读者的大脑当中，大家渴望知道接下来会出现什么样的情况，这是人们的好奇心使然。

以故事的方式来引发人们阅读的兴趣，这是一种非常巧妙的销售文案写作手法。故事能够直达人们的潜意识，影响人们的思维观念。

**然后我开始演奏。**

紧接着，气氛凝固了。取笑我的人面部表情凝固了……我听见了唏嘘赞叹声。我的朋友们几乎都屏住了呼吸——出神地听着我演奏。

我不停地演奏着，沉浸其中，甚至忘了身边所有的人。我忘记了时间，忘记了周围的环境，忘记了屏住呼吸的倾听者。此时此刻，周围的环境慢慢淡去，逐渐昏暗，变得不真实，只有音乐是真实的……就像是音乐大师在对我说话……但不是用语言，而是用音符，不是用语言，而是用优美的旋律！

在这一段，作者把人们带入一个忘我的弹奏环境，让读者完全沉浸在享受优美旋律的场景当中。这里面用到了情景化描述，用到了内视觉、内听觉和内感觉。当人们看到这一段内容的时候，就会沉浸在享受一场优美的演奏中，就像是自己完成了一场演奏一般。

## 一场完美的演奏！

随着《月光奏鸣曲》的结束，整个大厅突然响起雷鸣般的掌声，我看到周围朋友们充满惊讶和惊喜的表情。人们握住我的手——激动地恭喜我——热情地称赞我！每个人都发出了喜悦的赞叹声——问我许多问题……“杰克，为什么你从来没有告诉我们你弹奏得那么好？”……“你是在哪儿学的？”……“学了多久了？”……“谁教你的？”

“我没有老师”，我回答道，“就用了很短的时间。在此之前，我从来都不会弹琴。”

“你别开玩笑了”，亚瑟笑着说，他自己就是位钢琴演奏家，“你肯定学了好多年，我看得出来。”

“我就学了很短的时间”，我坚持说道，“我之所以保密是想给家人一个惊喜。”

接着我告诉所有这些人我学琴的经历。

“你听说过美国音乐学院吗？”我问道。

有几个朋友点点头，“那不是一个函授学校吗？”他们说道。

“没错”，我答道，“他们有一套非常简化的教授课程，能够通过函授在短短的几个月教授你学会弹钢琴……”

到了这一段，作者描述演奏取得了巨大的成功，人们显得多么惊讶！一个原来从未学过弹钢琴的人，怎么可以弹得如此完美！这个时候，人们的大脑中只有一个疑问：他是怎么做到的？怎么会有如此神奇的变化呢？作者在这一段文字中抖出了他的包袱——美国音乐学院函授课程。让人们对美国音乐学院的函授课程产生浓厚的兴趣，这是作者重要的目标。如果这一点做到了，那么这则广告就成功了。

## 我是怎么在没有老师的情况下学会演奏的？

多年来，我一直渴望学会弹钢琴。

“不久前”，我继续说道，“我看见美国音乐学院一个有趣的广告，广告提到一个新的方法，每天只需要花几分钱就可以学会弹钢琴。”这个广告提到有一位女士，业余时间在没有老师辅导的情况下精通了钢琴。她使用了新方法，没有使人绝望的训练，没有讨厌的练习。她让我确信，然后我填写了这个示范课程的优惠券。

“免费的教材很快寄给我了，然后我开始在晚上练习这个示范课程。我非常惊讶地发现，按照这套方法学习弹钢琴是那么容易，然后我订购了这套教材。

“当教材到达的时候，我发现正如广告上宣传的那样，就如读ABC一样简单，我学起来越来越容易。在我喜欢上它之后，我能弹奏所有这些美妙的乐曲。什么都不能阻止我的热情，我能自如地弹奏民谣、爵士、古典曲目，我从来都不知道我在音乐上有如此的天赋。”

在这一小段，作者仅仅只是解开之前留下的悬念，详细告诉人们美国音乐学院的函授课程是怎样的，怎样可以达到这个惊人的效果，让人们觉得很容易就可以做到，从而获得“我也可以做到”这样的心理暗示。当人们有了这样的反应时，接下来让人们索取免费的试听课程就显得非常容易了。

## 弹奏任何乐器

你也可以在家自由地演奏任何乐曲，你不能错过这个简单的新方法。这个简单的新方法已经向近一百万人展示如何轻松演奏他们最喜爱的乐器。

“你需要特殊的才能”，忘记这样的陈旧观点，读读这些乐器的名单，然后决定在剩余的时间里学习哪一种乐器。无论如何都要牢记你选择的乐器，在这个乐器上花费几分钱。无论你是一名初学者，还是一位出色的演奏者，你将对这个新的有趣的方法产生浓厚的兴趣。

这一段的作用是不断地劝说人们尽量去试一下。鼓励人们不断地去尝试，这是销售文案中常用的劝服手法。

## 订购我们的免费手册和示范乐曲

成千上万成功的学生，之前从来没有想到他们能有演奏的天赋，直到他们收到了免费的演奏能力测试手册。

如果你对你喜欢的乐器有渴望，如果你想获得快乐，增加受欢迎的程度，马上索取免费手册和示范课程。不需要任何费用，无义务必须订购，填写和发送下面这个方便的优惠券，我们可以提供乐器，你只需支付现金或者使用信用卡。

美国音乐学院

纽约 Brunswlek 大厦 12#

————————

请为我邮寄免费的教材——《家庭自学音乐课程》、示范视频以及优惠详情，我对以下课程感兴趣：

你喜欢上面哪些乐器：

姓名：　　　　地址：　　　　城市：　　　　州：

整个销售文案以第一人称的手法，引人入胜地讲述了一个之前压根儿不会弹琴的人技惊四座的故事，最后才揭示不用拜师、自学成才的秘诀，那就是邮购乐器自学手册。

从创作方法分析这篇销售文案，就是该销售文案抓住了人们追求社会认同和尊重的梦境。每个人都希望在朋友聚会的过程中获得别人的赞赏，期望拥有被别人羡慕的眼神，希望有那种成为名人的感觉。

这是卡普斯创作的销售文案最为独到的地方。只要牢牢抓住人们的欲望，就能激发梦境中的心理状态。

这篇销售文案有一个非常重要的冲击力描述，那就是这套函授教程可以用很短的时间教会人们弹奏乐曲，这是一般的乐器教程无法比拟的，这个冲击力体现在整个故事描述的过程中。有一个冲击力很强的产品，可以很容易地创作出非常棒的销售文案。

销售文案在开始部分导入情绪的设计也十分巧妙，给人带来的情绪是那种遭受人们的嘲笑和挖苦后所产生的内心愤怒。之后接着描述了人们在社交场合中很多的痛点，比如说人们害怕嘲笑和冷嘲热讽，这些都是人们最害怕的场景。销售文案作者卡普斯巧妙地利用描述故事的方法，把这些要素全部放在文字里面，让看到文案的人有一种情绪上的带入感，这正是作者想要追求的效果。

在重塑新现实的部分，作者利用了情景化的描述，把人们学完乐器之后的场景，在这一个主角身上完美地呈现出来，这个场景是所有人都十分渴望获得的。这一点描述得非常成功，也奠定了整篇销售文案成功的基础。

## 案例 2：“懒人致富”销售文案

这是一篇非常经典的销售文案，乔・卡伯一生只写过少数几篇文案，而且这篇销售文案为他创造了巨额财富，取得了巨大的成功。

这篇文案销售的是一本“懒人致富”的同名书籍和一些配套资料，用现在的观点来看，销售的是资讯类产品。

从策划思路分析，这篇销售文案切中了人性十大驱动力和八大梦境中的核心要素——人性中懒惰的驱动力和追求财富的梦境。

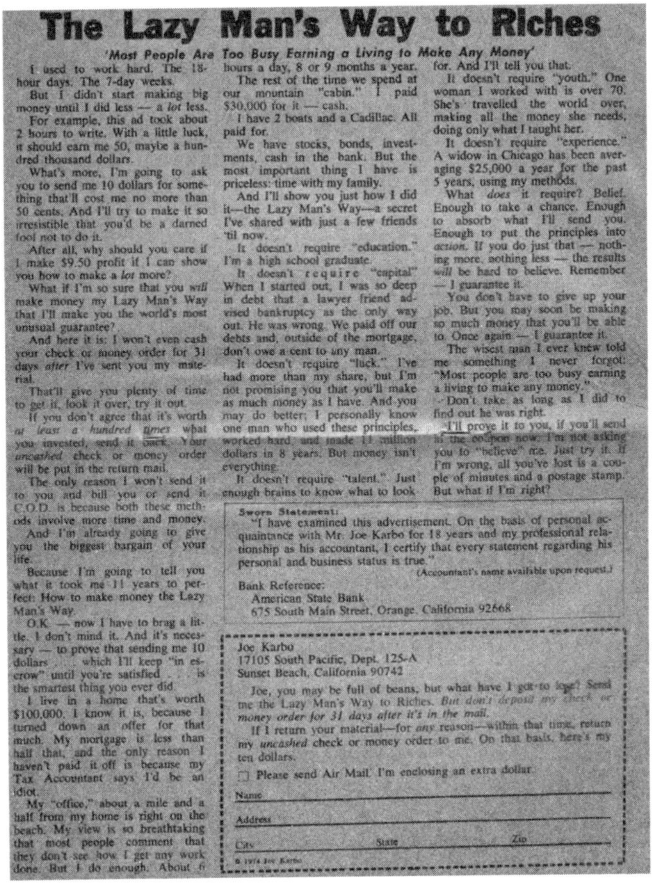

# The Lazy Man's Way to Riches

*'Most People Are Too Busy Earning a Living to Make Any Money'*

I used to work hard. The 18-hour days. The 7-day weeks.

But I didn't start making big money until I did less — a *lot* less.

For example, this ad took about 2 hours to write. With a little luck, it should earn me 50, maybe a hundred thousand dollars.

What's more, I'm going to ask you to send me 10 dollars for something that'll cost me no more than 50 cents. And I'll try to make it so irresistible that you'd be a darned fool not to do it.

After all, why should you care if I make $9.50 profit if I can show you how to make a *lot* more?

What if I'm so sure that you *will* make money my Lazy Man's Way that I'll make you the world's most unusual guarantee?

And here it is: I won't even cash your check or money order for 31 days *after* I've sent you my material.

That'll give you plenty of time to get it, look it over, try it out.

If you don't agree that it's worth *at least a hundred times* what you invested, send it back. Your *uncashed* check or money order will be put in the return mail.

The only reason I won't send it to you and bill you or send it C.O.D. is because both these methods involve more time and money.

And I'm already going to give you the biggest bargain of your life.

Because I'm going to tell you what it took me 11 years to perfect: How to make money the Lazy Man's Way.

O.K. — now I have to brag a little. I don't mind it. And it's necessary — to prove that sending me 10 dollars . . . which I'll keep "in escrow" until you're satisfied . . . is the smartest thing you ever did.

I live in a home that's worth $100,000. I know it is, because I turned down an offer for that much. My mortgage is less than half that, and the only reason I haven't paid it off is because my Tax Accountant says I'd be an idiot.

My "office," about a mile and a half from my home is right on the beach. My view is so breathtaking that most people comment that they don't see how I get any work done. But I do enough. About 6 hours a day, 8 or 9 months a year.

The rest of the time we spend at our mountain "cabin." I paid $30,000 for it — cash.

I have 2 boats and a Cadillac. All paid for.

We have stocks, bonds, investments, cash in the bank. But the most important thing I have is priceless: time with my family.

And I'll show you just how I did it—the Lazy Man's Way—a secret I've shared with just a few friends 'til now.

It doesn't require "education." I'm a high school graduate.

It doesn't require "capital." When I started out, I was so deep in debt that a lawyer friend advised bankruptcy as the only way out. He was wrong. We paid off our debts and, outside of the mortgage, don't owe a cent to any man.

It doesn't require "luck." I've had more than my share, but I'm not promising you that you'll make as much money as I have. And you may do better; I personally know one man who used these principles, worked hard, and made 11 million dollars in 8 years. But money isn't everything.

It doesn't require "talent." Just enough brains to know what to look for. And I'll tell you that.

It doesn't require "youth." One woman I worked with is over 70. She's travelled the world over, making all the money she needs, doing only what I taught her.

It doesn't require "experience." A widow in Chicago has been averaging $25,000 a year for the past 5 years, using my methods.

What *does* it require? Belief. Enough to take a chance. Enough to absorb what I'll send you. Enough to put the principles into *action*. If you do just that — nothing more, nothing less — the results *will* be hard to believe. Remember — I guarantee it.

You don't have to give up your job. But you may soon be making so much money that you'll be able to. Once again — I guarantee it.

The wisest man I ever knew told me something I never forgot: "Most people are too busy earning a living to make any money."

Don't take as long as I did to find out he was right.

I'll prove it to you, if you'll send in the coupon now. I'm not asking you to "believe" me. Just try it. If I'm wrong, all you've lost is a couple of minutes and a postage stamp. But what if I'm right?

**Sworn Statement:**

"I have examined this advertisement. On the basis of personal acquaintance with Mr. Joe Karbo for 18 years and my professional relationship as his accountant, I certify that every statement regarding his personal and business status is true."

(Accountant's name available upon request.)

Bank Reference:
American State Bank
675 South Main Street, Orange, California 92668

Joe Karbo
17105 South Pacific, Dept. 125-A
Sunset Beach, California 90742

Joe, you may be full of beans, but what have I got to lose? Send me the Lazy Man's Way to Riches. *But don't deposit my check or money order for 31 days after it's in the mail.*

If I return your material—for *any* reason—within that time, return my *uncashed* check or money order to me. On that basis, here's my ten dollars.

☐ Please send Air Mail. I'm enclosing an extra dollar.

Name

Address

City　State　Zip

© 1974 Joe Karbo

图 10-2　乔·卡伯“懒人致富”销售文案

这是一个完美的组合。梦境使人向往，人性驱动力驱使人们往前走，所以看到这个标题，任何人都不可能不被吸引。特别是这则销售文案发布在杂志和报纸上，人们阅读到的机会更大。

创作销售文案最关键的一点，就是要清楚自己卖的是什么？在这里，乔·卡伯卖的就是轻轻松松赚钱的方法，这一点令人充满好奇。

## 懒人致富

大多数人整日为养家糊口忙忙碌碌，

却因此失去了发财致富的机会。

标题直接命中人们的内心：“懒人致富”，谁不想什么事情都不做就可以获得巨额财富呢？至今还有许多人做着这样的梦，只是有些人有了一定的阅历后，慢慢地对这样的梦想不再抱有期待而已，但内心还是会无限向往的。

引言直接导入人的沮丧情绪：每天忙忙碌碌，却没有发财的机会。可能有太多的上班族认同这句话。这个标题加上引言，使许多人对销售文案的内容充满好奇和期待。

我过去常常拼命工作，一天工作18个小时，一周工作7天。

但是我并没有挣大钱，直到我的工作时间减少——减少很多之后。

在这里，乔·卡伯抛出了一个巨大的诱饵。前面的“我过去并没有挣大钱”获得人们的心理共鸣，后面留下一个悬念——“直到我的工作时间减少——减少很多之后”。

悬念是让人保持兴趣的不二法则。

例如，写这则广告花了我两个小时的时间。幸运的话，它能让我挣50美元，也可能是10万美元。

而且，我会要求你为某物寄给我10美元，虽然它只花了我不到50美分。我会尽量使你无法拒绝它，如果你拒绝，你就会是一个十足的傻瓜。

毕竟，如果我告诉你如何发财的话，你还会关心我那9.5美元的利润吗？

在这里，乔·卡伯谈到了服务成本不到50美分，为以后的成交埋下伏笔，同时进一步留下悬念：到底是什么东西可以让我们发财致富呢？

要是我确保你将来一定能通过我的懒人方式赚到钱，并且给你一个世间最非同一般的保证，你会怎么样？

保证如下：在我把东西寄给你之后的31天内，我不会兑换你的支票或汇票。

这样你就有足够的时间收到它、研究它、实践它。

它的价值至少是你投资成本的100倍。如果你不认可这一点，那就把它退回来，我会把未兑现的支票或汇票回邮给你。

我不会把它寄给你然后给你账单，或用货到付款的方式来邮寄。这么做的唯一理由是：这些方法牵扯到更多的精力与金钱。

这里还进一步告诉读者，如果做不到，根本不会有任何的损失：支票不会被兑换，也不会邮寄账单，不会利用货到付款的方式收钱，等等，客户没有任何风险。

我已经准备好和你做这笔你一生中最划算的买卖了，因为我要告诉你的东西花了我11年的时间来使它趋于完美：如何用懒人的方式挣钱。

好了，现在我得自夸一下。我不介意自夸，我觉得这是必要的，它能证明寄给我10美元——这10美元我会保留在“第三方托管”账户里，直到你满意我才兑现——是你这辈子做得最明智的事情。我住在一栋价值10万美元的房子里。我之所以知道这栋房子的价值，是因为我拒绝过一个这么高的出价。我的房屋贷款还了不到一半，我没有把它还清的唯一原因，是因为我的税务会计说：“白痴才这么干！”

我的“办公室”就在海滩上，离我家大概 1.5 英里，目之所及的景色如此壮美。大多数人都认为我无所事事，其实我挺忙的，一天工作约 6 小时，一年工作八九个月。

其余的时间我都在山中“小屋”度过，我为此支付了 30 000 美元——用现金支付的。

我有两艘船和一辆凯迪拉克——都是一次性付清的。

我有股票、证券、基金，以及银行存款。但是我拥有的最重要的东西是无价的，那就是与家人相处的时间。

我要与你分享我是如何做到这一切的——懒人如何致富——一个迄今为止我只跟少数几个朋友分享过的秘密。

在这一部分，乔·卡伯不断地强调他改变之后的情景，拥有豪宅、豪车、存款、股票、证券、基金等。更重要的是，拥有大把大把的时间，每周不需要太多的时间工作，这正是每一个上班族梦寐以求的。在这一部分，乔·卡伯以自己的现状为人们描绘了一幅完美的画面，令人向往不已。

不需要受过什么“教育”。我不过是个高中毕业生。

也不需要什么“资金”。当我起步的时候，我是一个深陷债务纠纷的人。当时一位律师朋友建议我，宣告破产才是唯一的出路。但是他错了，我偿清了所有的债务，从抵押贷款中解脱，不欠任何人一分钱。

也不需要什么“运气”。我拥有的并不仅是我分享的这些，但是我也不能保证你会挣到跟我一样多的钱，其实你有可能挣得更多！我知道有个运用了这些规则的人，通过努力工作，在 8 年内挣了 110077 美元。当然钱并不意味着一切！

也不需要什么“天赋”。只要你知道自己追求的是什么，我会教你方法。

也不需要什么“青春”。与我共事过的一位女士，已经 70 多岁了。

按照我教她的方法，她赚够了自己所需的钱，环游了世界。

也不需要什么“经验”。有位芝加哥的寡妇，使用我的方法，在过去5年内，平均每年都挣25 000美元。

这部分内容打消人们的一切顾虑，降低人们认为要非常非常难才能达成这个业绩的固有想法，清除成交的心理障碍。

它需要的是什么？是信念！它使你足以得到一个机会，足以吸收我要寄给你的一切，足以把理论变成实践。如果你不打折扣地做到了这一点，结果将令人难以置信。记住——我保证过！

你不用辞去你的工作。不过你很快就会挣到很多钱，到那时候你就能够辞去工作了。再一次——我保证！

乔·卡伯在这里告诉读者，信念是达到目标的唯一要素，而且可以保证安全地达到目标，甚至不需要辞掉现有的工作。

我曾经认识一个最聪明的人，他跟我说过一句让我永生难忘的话：“大多数人整日里只为养家糊口忙忙碌碌，却因此失去了发财致富的机会。”

千万不要像我一样花那么长的时间才发现他说的是对的。

如果你现在寄出订单的话，我将向你证明这一切。我并不要求你“笃信”我，只是要你试一试。如果我错了，你失去的不过是几分钟的时间和一张8美分的邮票而已。但是，如果我是对的呢？

这一段内容非常巧妙地描述了前面所有的内容，是一个将人的欲望推向顶点的过程，即所谓的“心理成交”。虽然“心理成交”环节令人无限向往，但如果没有后面实际成交环节的配合，成交率也不会太好。

在这一部分，乔·卡伯巧妙地将人的心理带到一个二选一的狭窄心理判断思维区间，令人们看了之后无法舍弃。

因为一句“千万不要像我一样花那么长的时间才发现他是对的”，令大多数人都想去试一把，付出的成本不过是 10 美元而已。

“我已审查过这则广告。凭我和乔·卡伯 18 年的私交以及作为其会计师的职业关系，我保证他所说的内容句句属实。”

最后一段，乔·卡伯请他的会计师出来为他的文案真实性背书，这样做非常合适，有助于打消客户内心的最后一丝顾虑——“你说的是不是真的？”从而令客户无法抗拒地掏钱购买他的产品。

这则销售文案非常成功，其中的每一个环节都围绕人的心理欲望展开，直至成交，是一则好的销售文案，高成交率的文案，难道不是如此吗？

## 案例 3：浪漫餐厅

这是销售文案专家丹尼尔·肯尼迪创作的一则销售文案，这则文案被他奉为圭臬。10 年间，他把这则文案运用在了他召开的所有研讨会里，并把它提供给 200 多万人学习。

这则销售文案是为一家意大利连锁餐厅撰写的，虽然这家餐厅非常有名，但是这则销售文案仍然为这家餐厅带来了巨大的销售额。

这则销售文案之所以非常成功，除了丹尼尔·肯尼迪创作出高水平的销售文案外，更重要的是，这则销售文案使用了情景化的手法，令人遐想联翩，十分渴望有机会可以和自己的另一半到这个餐厅享受一次。

一封乔治餐厅寄给一家之主——丈夫——的绝密信件

——浪漫顾问乔治餐厅意大利爱巢店

**她可能正在等待……可能仅仅是期待……**

**那些她可能永远都无法拥有的东西……**

**但是在她等待的时候，尝试一下温柔、浪漫……**

一开始，丹尼尔·肯尼迪就运用了一个不像是标题的标题。正是这样的标题，为阅读者导入一种非常重要的情绪，那就是另外一半可能一直在等待这一刻。整篇文案的切入点，就是由这种哀怨的情绪引出和另外一半浪漫一下的需求。

4 月 16 日

亲爱的丈夫：

你知道吗，女性和我们有很大的不同？你的爱妻需要、渴望而且也值得受到特别的关注，其程度可能比你认为应该给她的还要多。

在这一段，丹尼尔·肯尼迪直接道出女性和男性之间的差别，这是非常重要的一个切入点。特别是开头就提醒“女性和我们有很大的不同”这句话，可以迅速引起人们对这个问题的兴趣和好奇，这也是创作销售文案过程中经常用到的引言创作技巧。

你非常忙，身边的工作堆积如山。每天在办公室里需要处理烦琐的工作，使你的情绪变得很差。你非常疲惫，哪还有时间和精力来考虑“浪漫一下”？（三分之二的已婚夫妇以离婚收场，而第一位的原因是女性提出的——他再也不像以前那样重视我了。）

导入问题和痛点：夫妻之间因为丈夫忙于工作，忽略了另外一半的感受，导致三分之二的已婚夫妇以离婚收场。

对于你，我的朋友，我有一个很好的解决方案！

使用这封信，你就可以享受一下由乔治餐厅著名的浪漫顾问为你倾情打造的、充满创造力的浪漫晚会了。

痛点后面永远是方案。

当你和你非常重要的另一半到达乔治餐厅时，你们会被引入一间特别的餐厅，里面点着蜡烛，烛光摇曳，壁炉里的火正在熊熊燃烧……你还可以欣赏到落日的美景以及晚上港口上空优美的星空！（在您预定的时候，我将向您保证您所选择的位置靠近壁炉而且可以靠窗，这样您就可以凭窗眺望了！）

在这样一间食客稀少，让人备感亲切的餐厅里，没有任何家庭，没有孩子，没有任何干扰因素。播放的是非常有情调的音乐，您周围的环境安静而祥和。这是一个远离尘世喧嚣的僻静所在。

利用情景化的描述，在人们大脑中形成美妙的画面。采用视觉、听觉这样的表象系统，让人们在大脑中想象有蜡烛、壁炉，落日的美景，优美的星空，一个远离尘世喧嚣的僻静所在，这是多么令人向往的境界呀！

如果销售文案可以在人们大脑中形成画面，那么这幅画面可能是任何摄像机都无法超越的，因为每个人的大脑想象的画面可能都会有所不同，这就是文字的魅力。

在您的桌子上，放置着一个水晶蓓蕾花瓶，那里插着一支挂着露珠的新鲜红玫瑰，这是为您的爱人准备的（您的爱人可以把这朵玫瑰和花瓶都带回家去）。

满足人们小小的贪婪之心，这一赠品设计得非常巧妙。

我们开始会为您送上我们珍藏的美妙的意大利葡萄酒——红葡萄

酒或者白葡萄酒，根据您的要求而定——这是乔治餐厅的荣幸！然后就是刚刚出炉的硬皮意大利面包，噼哩啪啦地冒着热气，还涂着一层薄薄的蒜酱。

至于晚餐，我们为你们两个人准备了所有的浪漫机会——如果您选择我们的特色服务：一道主菜，下面平铺着质地细软蓬松的意大利面条，上面则是入口即化的鲜嫩小牛肉，另外还有好吃得不得了的绿色意大利酱……或者，您也可以选择我们其他五种美味大餐。

继续利用感觉化描述的方法，令人们好像已经看到这顿大餐摆在面前了，感觉非常诱人。

您还可以从我们的点心盘里任意选择您喜欢的食品……

浪漫的意大利咖啡……

最后送上的是一个心形的盒子，里面是四个精致的意大利蛋糕，蛋糕溢满了巧克力。献给您的妻子！

现在，您觉得是不是应该享受一下这样一个浪漫的夜晚，奢侈一次，并留下难忘的回忆呢？那样会不会让您感觉自己是一个英雄呢？啊——乔治餐厅保证您会做到的！

进入劝服环节。“是不是让您感觉自己是一个英雄”，这句话满足人性驱动力中的虚荣心和另一半对他认可的梦境。

我们每天晚上只能接纳12对夫妇来享受这个特制的浪漫晚餐，所以我觉得您应该尽快打电话进行预定。请向我——乔治——咨询，时间为每天上午9点到晚上22点（或者在我们工作午餐的时候也可以）。欢迎来找我，然后我们一起讨论一下浪漫晚餐的具体安排。我就在休息厅，穿着深蓝色的燕尾服，看起来帅呆了！

进入收尾环节，限时限量，只允许12对夫妇享受这样的浪漫晚餐。看到这里，是否会有一些小小的紧张，害怕想参加的时候没有位子呢？

随时恭候您的到来——为您创造一个奇迹！

乔治

又及：价格？所有的服务，像我前面描述的那种为两个人准备的浪漫晚餐——只需要59.95美元。如果您愿意，您可以用维萨卡、万事达卡、美国运通卡预付，这样就省去了你来的当天晚上再付款的麻烦。

整篇文案的诉求点就是妻子需要丈夫的重视。从这一点入手，销售文案开始提供一套满足与妻子浪漫约会的方案，非常符合那些十分忙碌的成功人士。这就是为什么很多女士看了这篇销售文案之后，都想找机会尝试一下这种浪漫晚餐的原因。

# 第十一章

# 请扔掉这本书!

固然这本书可能是无价的，但是就像很多人看了许多游泳的书籍，一辈子都无法学会游泳一样，不管自己在水里模仿着扑腾了多久，但还是不能在水中尽情地畅游。

创作销售文案的能力同样如此。虽然你已经懂得思路，但是你是否有一个真正能够自由创作出销售文案的大脑，让你能随意地、畅快地创作令产品大卖的销售文案？

如果没有，那么笔者告诉你，你需要一个教练帮助你在你的大脑中刻下创作销售文案的神奇印记。只有你的大脑改变了，你才能像游泳健将一样，根本不需要思考在水里怎么呼吸，怎么调整自己的身体动作，完全就像鱼儿那样自由地呼吸，在水中畅快地游动。

真正的创作高手，根本不需要任何思考，就能创作出令产品“疯卖”的销售文案。要拥有这样的能力，非常简单，只需要经过系统的训练就可以实现。在笔者多年培训学员的过程中，帮助很多人从以前不知道销售文案是什么，到自己可以独立创作出令产品大卖的销售文案。

在集训营中，每个人都将经历三天系统的训练。这三天将打破传统的上课模式，进入魔鬼般的训练模式。整个训练过程中，你的大脑将会得到大量的运动（就像士兵在野外拉练一样，不得不说强度很大，你还真的需要一个好的身体，这是大多数参加训练的学员的看法）。整个三天，你的大脑将会得到前所未有的体验，你将会永远牢记这三天给你带来的改变！

当你经过这样的训练，可以想象，你将能够对任何产品设计出可以令产品疯卖的销售文案，根本不需要思考技巧、方法还有流程，这些都将在你的大脑中统统消失。它们已经深深地印刻在你的脑海深处，随意地让你的灵感调动。

只有经过磨炼，你的创作灵感才会像美妙的乐曲，欢乐而轻松，那些能够一发击中客户内心的文字和语言，才能不断地像泉水一样在你的大脑中涌现出来。你意想不到的是——你再也不用苦思冥想，再也不用头痛欲裂，那些你可能从未想到过的，巧妙得令自己都尖叫起来的语言和文字，不断地从你的脑海里蹦出来，令你的客户无法抗拒，激动地想直接掏钱给你。这将会令你兴奋得无法入睡！

要达到这样的目标，只需经过短短三天的专业系统训练。这是一套经过八年研究和四年不断地训练众多学员之后总结出来的，可能也是目前国内唯一的一套完善的销售文案创作训练系统。

在这三天里，你学习的不仅仅是系统的知识，而且还要重构你的大脑，重新在你的大脑中留下创作销售文案的神奇印记，调整你的思维模式。

不过笔者要告诉大家一点，在这样的训练里，你将接受最严酷的挑战，笔者也将保证你能够获得满意的训练效果，这是我一直追求的目标。你应该知道，这样的训练模式，笔者必须去辅导每一个人，因此这是一个非常辛苦的过程。但这个过程将令你受益终生，也将令你的企业发展得更快，赚钱的速度更加迅速。

因为训练方式的限制，每期接收的学员数量十分有限，所以你需要先了解目前的报名情况。现在打开微信，添加“481014”为好友，了解最新开班信息和剩余名额。

尽早参加训练，将帮助你在最短的时间内突破销售文案创作大关，令你在互联网上轻松自由地赚钱！

# 附录：优秀标题集锦

161 种讨男人欢心的方法——就在这本迷人的烹饪书里

“当我坐在钢琴面前的时候，大家都开始笑我……但是当我开始弹奏的时候……”

最新推出——世界上最有名的营销天才告诉你 19 条使你快速致富的秘密！

一个小小的错误，让农民每年损失 3000 美元！

赢得所有女孩子的心

一个新发明，让平凡女孩变美女！

还有谁想成为明星？

为什么有些食物会在您的胃里“爆炸”？

为什么总有些人可以从股市赚到钱？

五种常见的皮肤问题，哪种是您想克服的？

有谁听说过一个女人每天享受美食的同时还可以减肥吗？

我是如何用一个“很傻的方法”挣到大钱的。

有数千份的无价礼品，但是从来没有被人发现过

一个“傻瓜的方法”可以使你成为销售明星

对您来说孩子的生命只值 1 美元吗？

您经历过这 10 件难为情的事情吗？

经常是伴娘，从没做过新娘

让从未想过自己也会弹吉他的人在 7 天之内学会，否则退款！

免费书——告诉您 12 种打理草坪的秘密

让人们喜欢你的秘密

给不会省钱的太太们的建议——来自一名妻子

您曾经在派对中结结巴巴过吗？

如何赢得朋友并影响他人？

最后两小时是最长的——同时这两小时也是您可以节省下来的

您在英语中也犯过这些错误吗？

让您的双手在 24 小时内变得更可爱——否则退款！

当医生腐败的时候，他们都腐败在哪里呢？

似乎令人难以置信，您可以将原版油画据为己有，每幅仅仅 5 美元

那些畅销书每本仅售 2.5 ~ 5 美元——现在每本仅售 1 美元

我是怎样在一夜之间改善我的记忆力的

发现隐藏在您薪水里的致富秘密

专家证实：超过三分之二的女人能在 14 天让皮肤看起来更有光泽

您听到自己说“我还没有读过，正打算读这本书”的概率有多高？

孩子叛逆是谁的错？

您有过这些神经衰弱的症状吗？

保证穿越冰层、泥土还有雪地，否则我们负责托运！

您还在担心股票亏损吗？

新型黏土如何在 30 分钟改变我们的皮肤！

在您的农场里隐藏起来的利润

世界各地女人们都为这种新型洗发香波而倾倒

投资者的六种途径——您属于哪一种？

如何摆脱我们的瑕疵——使用 ××（商品名称）并且遵循指导

今天为您的财产增加 10000 美元，使价值更上一层楼

您的孩子曾经让您烦恼吗？
您的房间缺少图片装饰吗？
怎样给孩子更多——三种美食制作方法
给那些想要写作但是无法开始的人
这可以说几乎是您之前从未见到过的走廊壁灯
我们是如何毁掉我们的胃的？
拥有“精密头脑”的男人
丢掉您的双拐！
小空间如何创造大奇迹
男人都喜欢这样的女人——清新无口臭
排泄困难让男人窘迫！
通过 301 次钉子刺穿试验，依然保持充足的气压
劳力士的有些事情，您可能还不知道
您知道工人处于紧张状态会花掉公司多少钱吗？
给有一天希望不再工作的男人们
如何让您的房屋更适合您？
您可能正在犯的最常见的缴税错误
一种让您快速驱除感冒的方法
“我丢了自己突出的部分，但是也省钱了！
为什么 ××（品牌名称）灯泡在今年如此闪亮？
新的蛋糕改良做法，可以使您获得更多的赞扬！
想象一下，抓住一个听众，对其诅咒 30 分钟
这使玛丽·安托瓦内特驶向死亡
您见过心灵电报吗？
对您来说，如何使修理汽车的工作变得轻而易举？
一种新型洗发水，可以让您的头发更加顺畅，易于梳理
如果通过不好的途径挣钱，对您来说是耻辱，但是对男人来说是

享受

您从来都没有收到过像这样的噩耗，我得到了关于荔枝出口的消息

数千种游戏，人们从来没有想到过！

伟大的新发现，将厨房的名声毁于一旦！让室内空气变得像乡土气息般清新

尝试一下，几分钟测试一种令人吃惊的新型剃须泡沫

公告——全新的百科全书版本，让学习充满乐趣

她再次点了“鸡肉沙拉”！

给看上去比实际年龄大的女人

性能俱佳的车可以带您去哪里？

看看哪种身形是您想要的？

您毁了这家店——否则我带您出国

快速改变寒冷的方法

有个女人等待每一个男人——她非常聪明，使用“MORNING MOUTH”

如果给您 20 万美元，您将怎么安排？

上周五我吓坏了——我的老板差点炒了我！

假如事情发生在您的婚礼当天

不要让运动的脚“闲置”

他们会发展得让您无法理解吗？

我们是国家中庸俗的人吗？

全额付款的两年旅行，只针对具有想象力的男士

关于股票和债券交易，什么是你应该知道的？

一个理发师像卖房子一样，在 4 个月赚了 8000 美元

最好的黄金——本书完整介绍了简单开采的方法

8000 美元奖励！帮助我们找出适合这些新厨具的名字

揭示超市如何使用手段让您买更贵的东西，教您省钱！

任取三件厨具——仅售 8.95 美元（价值 15.45 美元）

两瓶酸梅酱节省 20 美分——限量出售
每消费三次就提供一次免费！
这么容易就挣到钱肯定违法！
如果您去年买了新车，现在就不要看这个广告了，会让您伤心的
在哪里能买到赚钱的资讯？
有谁想在电子商务领域赚大钱？
对于状态不好的克利夫兰夫妇来说惊人的瘦身秘密！
如何每小时都在减少脂肪？
致波兰特所有胖人的一封信
财政专栏作家的独特发现
专家如何购买金银？
不想做外科手术的好莱坞明星是如何拥有惊人面容的？
这 5 种肌肤问题，哪个是您想除掉的？
去脂机器，让您坐着轻松享受减肥
如何唤醒您内在的理财灵感？
化学家发现惊人的贝弗莉山去皱剂
高中毕业没有影响您赚钱吗？
脱发影响女人对您的关注吗？
女人背后会说些什么秘密？
给胸部较小女人的重要消息
最近展示的隆胸报告信息
男人可以更高一些！
最新的减肥药丸，比骑 3 小时自行车还能消耗更多的卡路里
如何在 60 秒甚至更短的时间抹去您 10 年的岁月痕迹？
我们在寻找可以写儿童书籍的成年人
此广告的有效期将缩短一个月，因为我们销售得飞快
如果您执行此计划，就再也不用为钱发愁了